Título original: *Notre planète, la Terre*
© 2007, Bayard Éditions Jeunesse
© 2009, de esta edición, Combel Editorial, S.A.
Casp, 79 · 08013 Barcelona
Tel.: 902 107 007
Adaptación: Pau Joan Hernández
Primera edición: febrero 2009
ISBN: 978-84-9825-339-9

La colección ImagesDoc ha sido concebida a partir del fondo editorial de la revista, en estrecha colaboración con la redacción. *ImagesDoc* es una revista mensual editada por Bayard Jeunesse.

Edición: Emmanuelle Petiot, Pauline Mermet · Diseño gráfico: David Alazraki con la participación de Studio Bayard Éditions Jeunesse
Maqueta: Arielle Cambessédès

Yvette Veyret • Séverin Husson

Nuestro planeta, la Tierra

Combel
EDITORIAL

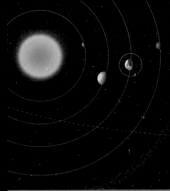

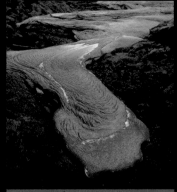

LA TIERRA, UN PLANETA VIVO
p. 10

LA ENERGÍA DE LA TIERRA
p. 30

LOS RECURSOS DE LA TIERRA
p. 62

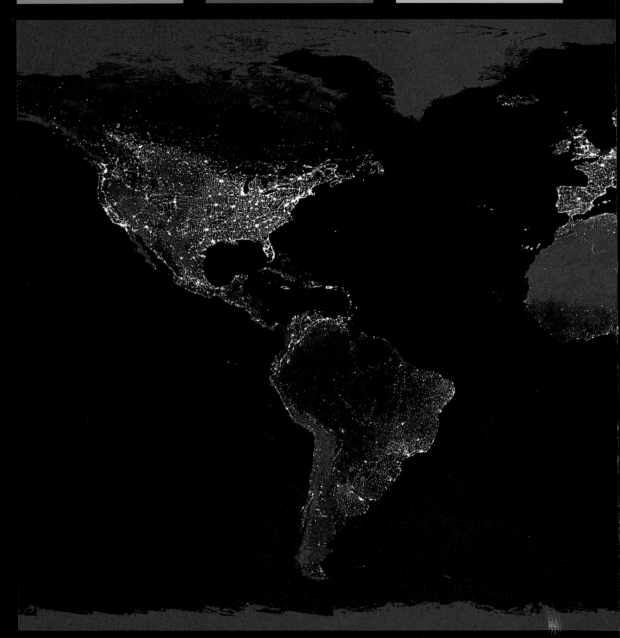

Hace 15 000 millones de años	Hace 4 500 millones de años	Hace 230 millones de años	Hace 200 000 años	Hace 10 000 años
El *big bang*	Origen de la Tierra	Aparición de los dinosaurios	Aparición del hombre moderno	Inicio de la agricultura

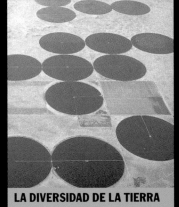

LA DIVERSIDAD DE LA TIERRA
p. 88

LA TIERRA DE LAS PERSONAS
p. 118

EXPLORAR LA TIERRA
p. 142

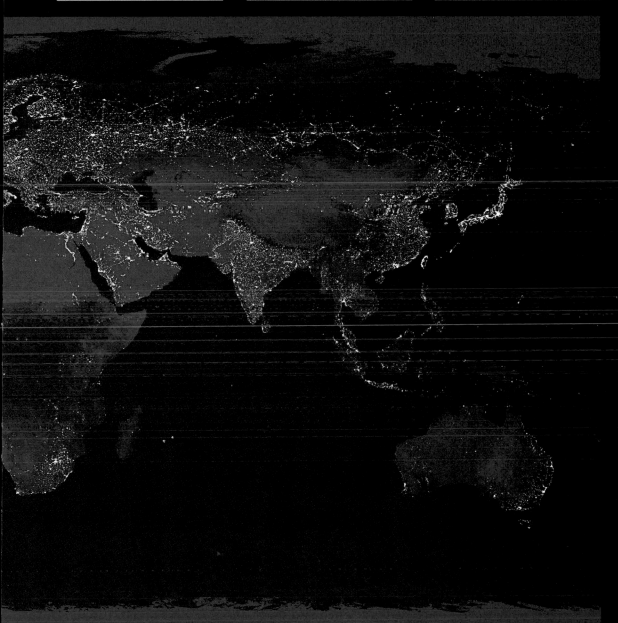

siglo IV a.C.
Aristóteles demuestra
que la Tierra es redonda

siglo XV
Colón descubre
América

siglo XIX
Revolución
industrial

siglo XX
Construcción de los
primeros rascacielos

1969
El hombre llega
a la Luna

Nuestro planeta, la Tierra

Sumario

La Tierra, un planeta vivo

La energía de la Tierra

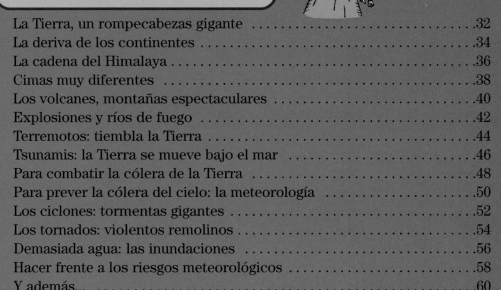

Los recursos de la Tierra

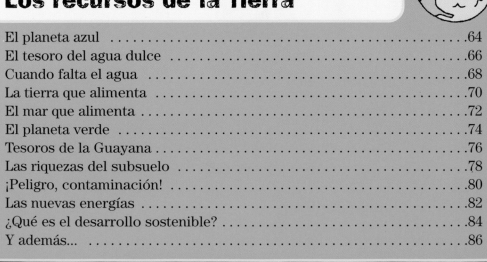

La diversidad de la Tierra

La Tierra de las personas

Explorar la Tierra

La Tierra, un planeta vivo

Hace 15000 millones de años, el big bang

El universo nació hace aproximadamente 15 000 millones de años. Todo empezó con una gigantesca explosión conocida como *big bang*. Después se fueron formando miles de millones de estrellas y de planetas, entre ellos el Sol y la Tierra.

La formación del universo

1 El *big bang*, una gigantesca explosión que marca el inicio del tiempo y del espacio.

2 Desde el primer segundo, el universo empieza a crecer y a enfriarse. Aparecen trozos diminutos de materia.

3 Estos fragmentos de materia, los átomos, forman las primeras estrellas, los planetas y las galaxias.

4 Actualmente el universo cuenta con miles de millones de galaxias. ¡Y sigue creciendo!

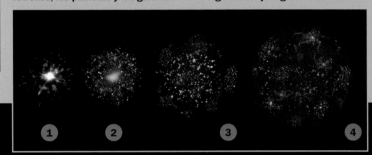

1   2   3   4

NUESTRA GALAXIA, LA VÍA LÁCTEA

LAS ESTRELLAS
Son bolas de gas que desprenden luz y calor.

EL BRAZO DE ORIÓN
Está formado por gas, polvo y estrellas. La Vía Láctea es una espiral de cuatro brazos.

LA GALAXIA DE LA GRAN NUBE DE MAGALLANES. Es la galaxia más cercana a la Vía Láctea.

El universo: como una pelota que se hincha

Los científicos creen que al principio el universo era minúsculo: tenía el tamaño de un grano de arena.

Era una especie de caldo terriblemente caliente: billones de grados.

De repente, se produjo una enorme explosión, el *big bang*, que en inglés quiere decir «gran explosión».

Y entonces el universo empezó a crecer y a crecer... como una pelota que se hincha y nunca llega a explotar.

El nacimiento de las galaxias

Después del *big bang*, el universo era luminoso. Hacía mucho calor y miles de millones de bolitas flotaban en el vacío. Poco a poco, la temperatura fue descendiendo.

El universo se volvió negro, como es actualmente.

Aparecieron pequeños fragmentos de materia, los átomos, que al pegarse los unos a los otros fueron formando las primeras estrellas que, a su vez, se agruparon en gigantescas galaxias.

Nuestra galaxia, la Vía Láctea

En el universo hay miles de millones de galaxias. La galaxia en la que se encuentran la Tierra y el Sol es la Vía Láctea. Está compuesta por más de 100 000 millones de estrellas. Tiene forma de espiral. De noche, cuando no hay nubes, podemos ver una pequeña parte: es una amplia banda clara en el cielo. Pero la Vía Láctea es mucho mayor de lo que puede verse desde la Tierra.

Y estamos lejos de conocerla del todo.

EL NÚCLEO DE LA GALAXIA. Está formado por muchas estrellas. Cuanto más hacia el centro, más cerca están las unas de las otras.

EL SOL. Es una estrella más de la galaxia. No está en el centro de la Vía Láctea. Se encuentra a un lado del brazo de Orión.

LA GALAXIA M83. Tiene la misma forma que la Vía Láctea.

EL VACÍO INTERSIDERAL. Entre las galaxias existe un vacío casi absoluto.

El planeta Tierra

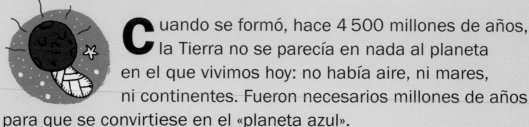

Cuando se formó, hace 4 500 millones de años, la Tierra no se parecía en nada al planeta en el que vivimos hoy: no había aire, ni mares, ni continentes. Fueron necesarios millones de años para que se convirtiese en el «planeta azul».

Una bola brillante

La Tierra es bastante joven en comparación con el universo: ¡apareció 10 000 millones de años después del *big bang!* Nació hace 4 500 millones de años a partir de una nube de gas y de polvo que giraba alrededor del Sol. En sus primeros años de vida, la Tierra era una bola ardiente de rocas líquidas.

Una corteza frágil

Con el paso del tiempo, la temperatura de la Tierra disminuye. En la superficie, las rocas se enfrían y se forma una corteza sólida. Esta fina película todavía es frágil. Se agrieta constantemente, y nuevas rocas ardientes ascienden desde el corazón de la Tierra.

El nacimiento de la Tierra

❶ **Hace 5 000 millones de años: el Sol acaba de formarse. Una enorme nube de partículas gira a su alrededor en el espacio.**

❷ **Se forman anillos de partículas alrededor del Sol que se agrupan y van formando piedras cada vez mayores.**

❸ **El agrupamiento de todas estas partículas originó la Tierra y los demás planetas sólidos del sistema solar.**

Placas gruesas

Este movimiento de vaivén entre el núcleo en fusión de la Tierra y la corteza sólida acaba por detenerse cuando asciende de las profundidades una roca más dura: el granito. Se forman entonces unas grandes placas mucho más gruesas: son los futuros continentes.

CARNÉ DE IDENTIDAD

DIÁMETRO: *12 756 kilómetros.*
La Tierra no es completamente redonda, está ligeramente achatada por los polos.

CIRCUNFERENCIA DE LA TIERRA EN EL ECUADOR: *40 074 kilómetros.*

DISTANCIA MEDIA DE LA TIERRA AL SOL: *149,6 millones de kilómetros.*

VELOCIDAD DEL MOVIMIENTO ALREDEDOR DEL SOL: *29,79 kilómetros por segundo, es decir, más de 100 000 kilómetros por hora.*

TEMPERATURA MEDIA EN LA SUPERFICIE: *aproximadamente 15 °C.*

El planeta azul

Vista desde el espacio, la Tierra es un bonito planeta blanco y azul: cubierta por agua en más de un 70 % y rodeada de nubes.

La primera atmósfera

Los volcanes, situados en el límite de las grandes placas, expulsan pedazos gigantescos de rocas ardientes. Esta actividad libera gases, y sobre todo vapor de agua, que suben hacia el cielo. Así aparece una primera atmósfera. Es irrespirable, pues todavía no contiene oxígeno.

Primeros océanos

Cuando la temperatura sigue bajando, el vapor de agua expulsado a la atmósfera por los volcanes se convierte en lluvia. Grandes chaparrones caen sobre la Tierra. Aparecen los primeros mares y lagos. ¡Ha nacido el planeta azul!

¡Preparado para acoger la vida!

Esta serie de acontecimientos, de una violencia increíble, se ha ido desarrollando aproximadamente a lo largo de mil millones de años. Casi la cuarta parte de la vida de la Tierra. Así se han ido produciendo las condiciones para el inicio de una nueva aventura: la de la vida.

Al principio de su existencia, la Tierra recibió el impacto de rocas procedentes del espacio, los meteoritos. En esta imagen vemos un cráter realizado por un meteorito.

El sistema solar

El sistema solar está formado por el Sol, ocho planetas y millones de astros más o menos grandes. La Tierra tiene una posición privilegiada en el sistema solar: a la distancia justa del Sol para que no haga ni demasiado frío ni demasiado calor.

Una sola estrella: el Sol

Las estrellas son bolas gigantescas de gas que desprenden luz y calor. El sistema solar sólo tiene una: el Sol. El Sol ilumina y calienta nuestro planeta. Y, sin embargo, está situado a 150 millones de kilómetros de la Tierra. Si fuese posible ir en avión, ¡el viaje duraría 20 años!

Millones de astros

Del sistema solar no lo conocemos todo. Es normal: está formado por varios millones de astros. Lo componen, naturalmente, los planetas, pero también hay bloques de roca, los asteroides, o cúmulos de nieve y polvo, los cometas. Algunos planetas tienen astros que giran a su alrededor: son los satélites. La Tierra tiene uno, la Luna; Júpiter... cuatro grandes y decenas de pequeños.

Nuestro satélite: la Luna

La Luna da la vuelta a la Tierra en algo más de 27 días. Sin ella quizá la vida no habría aparecido. En efecto, aunque es mucho menor que la Tierra, la Luna ejerce una gran influencia sobre ella. Especialmente, su presencia es el origen del fenómeno de las mareas.

Los ocho planetas del sistema solar giran alrededor del Sol siguiendo una trayectoria llamada órbita.

Mercurio Su superficie está abrasada por el Sol. La temperatura allí puede llegar hasta los 450 °C.

Venus Visto desde la Tierra, Venus se distingue por una luminosidad excepcional. Se le llama «estrella del Pastor» o «lucero del alba» y es un gran planeta. Su atmósfera conserva el calor del Sol como una capa. ¡La temperatura puede llegar a 475 °C!

La Tierra Posee todas las condiciones indispensables para el desarrollo de la vida. No es ni demasiado caliente ni demasiado fría, está rodeada de aire respirable y contiene mucha agua. Tiene un satélite: la Luna.

Marte Como la Tierra, Marte tiene una atmósfera en la que flotan las nubes. También se encuentra hielo en los polos. El resto de la superficie es un desierto de arena roja. Varios indicios demuestran que Marte fue un planeta vivo, con ríos, océanos y volcanes.

Júpiter Es el mayor planeta del sistema solar: ¡1 300 veces la superficie de la Tierra! Cuenta con una gran cantidad de satélites. Su atmósfera está agitada por tormentas gigantes.

Saturno Está rodeado por miles de anillos formados por piedras, polvo y bloques de hielo.

Urano y Neptuno En estos dos planetas alejados del Sol hace mucho frío: –215 °C.

El cinturón de asteroides Está formado por miles de millones de fragmentos rocosos. Los mayores miden algunos cientos de kilómetros de largo.

Un cometa Es una especie de bola de nieve sucia que data de la época de la formación del sistema solar. Hay cientos de ellos.

Un cometa

¡Atención! El tamaño de los planetas y la distancia que mantienen entre ellos no guardan una proporción real en este dibujo.

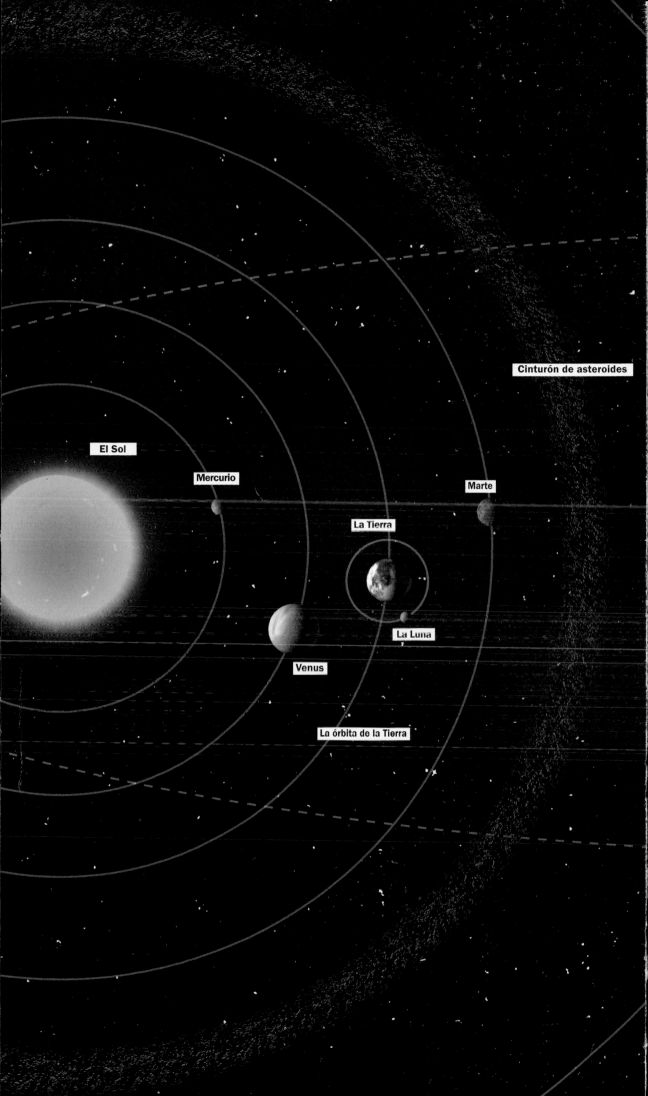

El origen de la vida

Agua en grandes cantidades, una atmósfera primitiva, una distancia ideal respecto al Sol... Mil millones de años después de su creación, la Tierra cumple las condiciones para que aparezcan las primeras formas de vida.

Un planeta no muy acogedor

Hace 3 500 millones de años, la Tierra no era muy acogedora. La temperatura del agua del mar llegaba a los 80 °C. No había oxígeno en la atmósfera y unos rayos muy peligrosos del Sol, los rayos ultravioletas, quemaban la superficie. ¡Pero fue en semejantes condiciones en las que apareció la vida!

Los primeros seres vivos

No se sabe si las primeras formas de vida nacieron en charcas calientes y poco profundas, o en el fondo de los océanos. De todos modos, no cabe duda de que fue en el agua donde aparecieron los primeros organismos vivos. Eran células minúsculas, muy simples, comparables con las bacterias.

Los científicos consideran que la vida se desarrolló en el agua gracias a descargas eléctricas. La energía la proporcionaron sobre todo los rayos.

En Australia se encuentran fósiles de algas azules que vivían hace 3 500 millones de años. Es el rastro más antiguo de vida en la Tierra.

La revolución de las algas azules

Con el paso del tiempo, estas pequeñas células vivas evolucionaron y se perfeccionaron hasta convertirse en algas azules. ¿Anecdótico? No, porque esos seres vivos, que utilizan la energía del Sol para vivir, desprenden oxígeno. ¡Es toda una revolución! Pronto los nuevos seres vivos podrán respirar.

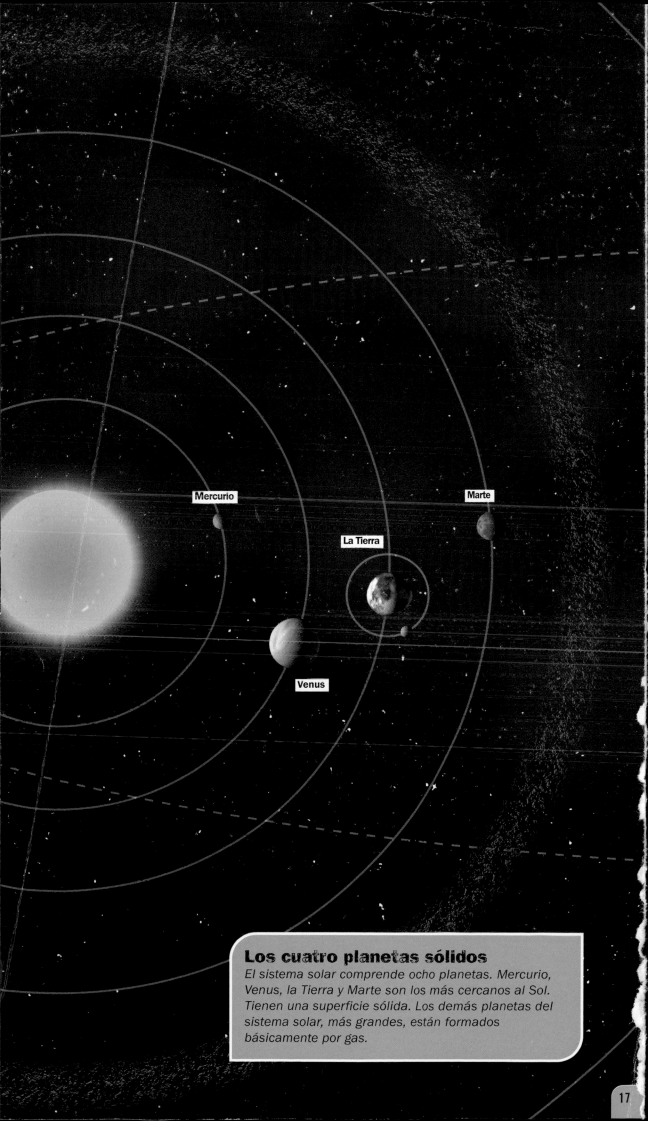

Mercurio

Marte

La Tierra

Venus

Los cuatro planetas sólidos

El sistema solar comprende ocho planetas. Mercurio, Venus, la Tierra y Marte son los más cercanos al Sol. Tienen una superficie sólida. Los demás planetas del sistema solar, más grandes, están formados básicamente por gas.

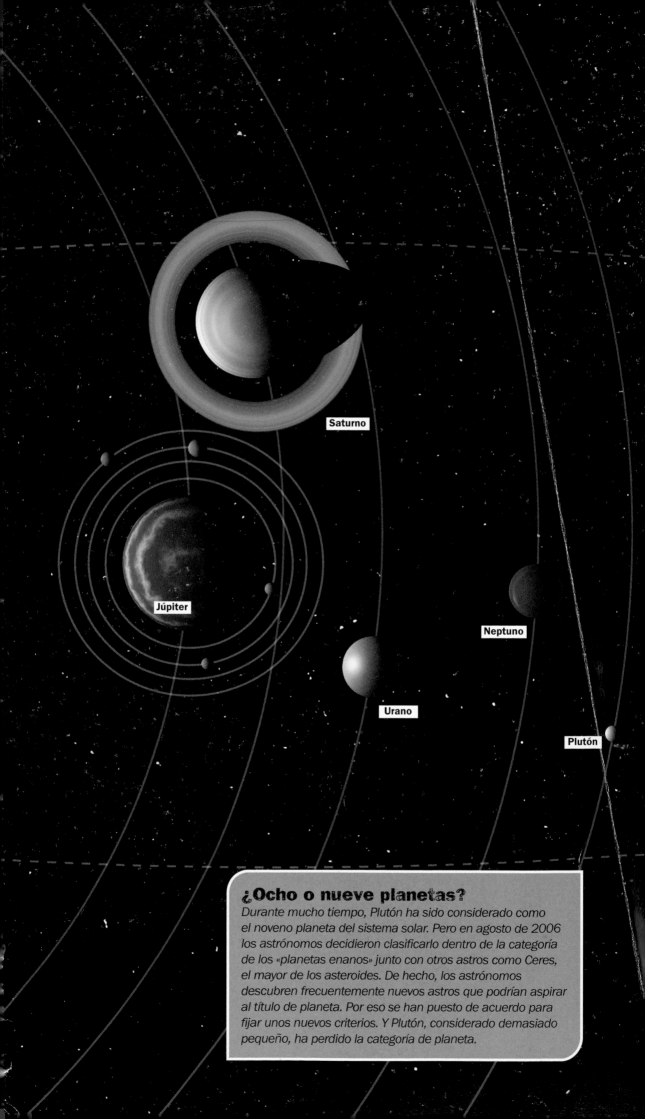

Saturno

Júpiter

Neptuno

Urano

Plutón

¿Ocho o nueve planetas?

Durante mucho tiempo, Plutón ha sido considerado como el noveno planeta del sistema solar. Pero en agosto de 2006 los astrónomos decidieron clasificarlo dentro de la categoría de los «planetas enanos» junto con otros astros como Ceres, el mayor de los asteroides. De hecho, los astrónomos descubren frecuentemente nuevos astros que podrían aspirar al título de planeta. Por eso se han puesto de acuerdo para fijar unos nuevos criterios. Y Plutón, considerado demasiado pequeño, ha perdido la categoría de planeta.

¡Por fin aire!

Durante cientos de millones de años, el oxígeno expulsado por las algas azules permanece atrapado en el agua del mar. Pero las algas llegarán a ser tan numerosas que acabarán enviando su oxígeno a la atmósfera. Y modificarán su composición absorbiendo el gas carbónico y expulsando cada vez más oxígeno.

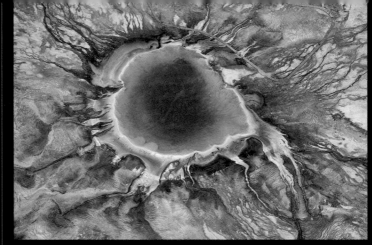

Este estanque de agua caliente (80 °C) en Estados Unidos alberga seres vivos del mismo tipo de los que se desarrollaron hace 3 500 millones de años.

El efecto invernadero

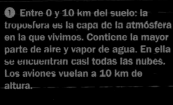

Todos lo hemos podido experimentar: en verano, en el interior de un coche aparcado a pleno sol hace más calor que fuera. Los cristales dejan pasar los rayos del Sol, pero impiden que el calor se escape. La atmósfera tiene una función parecida. Sin ella, la Tierra tendría aproximadamente la misma temperatura que la Luna: ¡–150 °C de noche!

Las ventajas de la atmósfera

La atmósfera es esencial para los seres vivos. Contiene oxígeno, que nos permite respirar, gas carbónico, indispensable para el desarrollo de las plantas, y ozono, un gas que nos protege de los rayos peligrosos del Sol. La atmósfera quema también los asteroides que, sin ella, bombardearían la Tierra.

El papel de la atmósfera La atmósfera es una capa de gas que envuelve la Tierra. De ella procede el aire que respiramos y el agua que bebemos. Mide aproximadamente 1 000 km de grosor y está compuesta por varias capas.

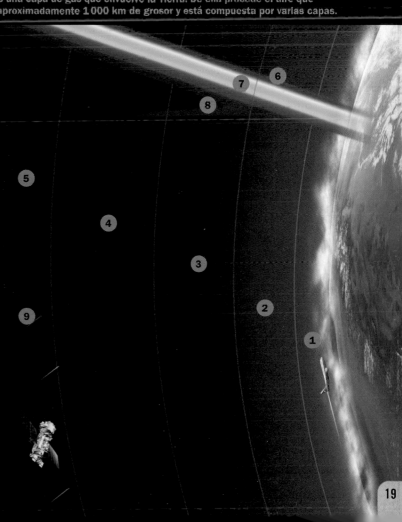

❶ Entre 0 y 10 km del suelo: la troposfera es la capa de la atmósfera en la que vivimos. Contiene la mayor parte de aire y vapor de agua. En ella se encuentran casi todas las nubes. Los aviones vuelan a 10 km de altura.

❷ Entre 10 y 50 km: la estratosfera, que abriga las partículas de ozono, el gas que absorbe las radiaciones nocivas del Sol, los rayos ultravioletas ❽.

❸ Entre 50 y 80 km: la mesosfera, que prácticamente no contiene oxígeno.

❹ A partir de 80 km, la termosfera, donde la temperatura puede llegar a 1 200 °C.

❺ Más allá, giran los satélites.

❻ Los rayos infrarrojos del Sol y la luz ❼ atraviesan la atmósfera y llegan a la Tierra.

❾ La atmósfera protege la Tierra de los asteroides y otros fragmentos rocosos.

La vida, una gran aventura

A partir del nacimiento de los primeros seres vivos, un número incalculable de plantas y animales fue apareciendo sobre la Tierra. Algunas familias han desaparecido completamente. Otras, como los mamíferos, han evolucionado hasta la aparición del hombre.

La Era Primaria

La Era Primaria empieza hace aproximadamente 570 millones de años. Este período está marcado por la explosión de la vida. Las primeras formas de vida ❶ (algas, bacterias) habían aparecido 3 000 millones de años antes en los océanos, en un período que se conoce como Precámbrico. En la Era Primaria algunos animales salen del agua para vivir en tierra firme y aparecen las primeras plantas terrestres.

❷ Aparición de los primeros peces.

❸ Algunos peces salen del agua y se adaptan a la vida en la tierra.

❹ Aparición de los primeros reptiles, una especie de lagartos.

❺ Se desarrollan los helechos y los árboles. Son el origen del carbón explotado actualmente.

El final de la Era Primaria coincide con la mayor crisis de las especies.

El 95 % de los animales marinos que existían entonces desaparecieron.

La Era Secundaria

❻ La Era Secundaria es el período marcado por el dominio de los dinosaurios.

❼ Algunos animales, como los cocodrilos, son capaces de vivir en la tierra y en el agua.

❽ Aparición de aves, como el arqueópterix.

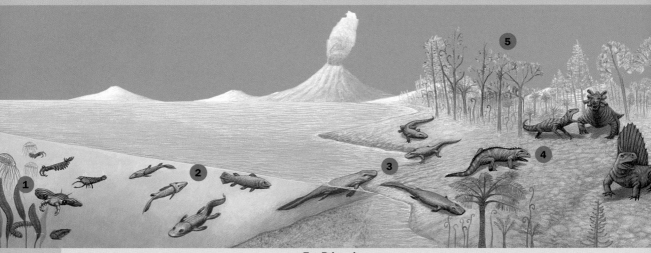

Era Primaria

−570 millones de años ⟵⟶ −230 millones de año

Era Secundaria

CRETÁCICO

−135 millones de años ⟵⟶ −65 millones de año

⑨ Se desarrollan las coníferas.

⑩ Esta profusión de árboles permite a los dinosaurios herbívoros, como el braquiosaurio, desarrollarse rápidamente.

⑪ El iguanodonte es un dinosaurio herbívoro de 10 metros de largo; tiene unos pulgares afilados como cuchillos.

⑫ Aparecen los primeros mamíferos: amamantan a sus crías.

⑬ Un dinosaurio carnívoro: el tiranosaurio.

Al final de la Era Secundaria se produce la extinción de los dinosaurios.

La Era Terciaria

Este período está caracterizado por el gran desarrollo de los mamíferos.

Aparecen los elefantes **⑭**, los rinocerontes **⑮** y los antepasados de los caballos y de las vacas.

La deriva de los continentes

En el transcurso de esta larga historia de la vida en la Tierra, los continentes también han evolucionado. En el Triásico, el período que vio nacer a los dinosaurios, todas las tierras estaban unidas. Los animales podían desplazarse por toda la superfície terrestre. Después el mar separó en varios bloques aquel inmenso continente. Y los animales, aislados por los océanos, no pudieron desplazarse de un continente a otro.

También los grandes simios y, posteriormente, los primeros antepasados del hombre: los australopitecos **⑯**.

La Era Cuaternaria

Los científicos conocen mejor el clima de este período, que es el que tenemos actualmente. Ha pasado por épocas muy frías, llamadas «glaciales». En aquella época los bosques existían en los trópicos, mientras que en Europa no había. Los paisajes se parecían a la tundra que se puede observar hoy día al norte del continente eurasiático.

⑰ El hombre moderno, llamado *Homo sapiens*, apareció hace unos 200 000 años. En Europa, durante los períodos glaciales, cazaba mamuts.

Era Secundaria

TRIÁSICO	JURÁSICO	
–230 millones de años ◄——► –195 millones de años ◄——► –135 millones de años		

Era Terciaria   Era Cuaternaria

–65 millones de años ◄——————————————► –2 millones de años ◄—

Zoom sobre los dinosaurios

Aunque parezca que procedan de un planeta lejano, los dinosaurios vivieron en la Tierra. De hecho, la habitaron durante mucho más tiempo que el hombre. Inmensos y terroríficos, estos animales siguen haciéndonos soñar.

Lagartos terribles

Como los lagartos, los dinosaurios forman parte de la familia de los reptiles. Fueron los amos de la Tierra durante 165 millones de años. ¡Su tamaño podía variar entre el de un perro y el de un edificio! Algunos eran herbívoros, se alimentaban de plantas. Otros eran carnívoros, comían animales. A veces, se devoraban entre ellos.

La extinción de los dinosaurios

Los dinosaurios desaparecieron brutalmente hace 65 millones de años. Se cree que murieron debido a la caída de un meteorito gigante o a una enorme erupción volcánica. ¡O quizá a ambas causas! Estas catástrofes provocaron tanto polvo que el Sol quedó tapado durante años. La Tierra permaneció sumida en la oscuridad y el frío, y los dinosaurios murieron.

Retrato de ocho reptiles terribles

Se conocen más de 800 especies de dinosaurios. Aquí tienes ocho.

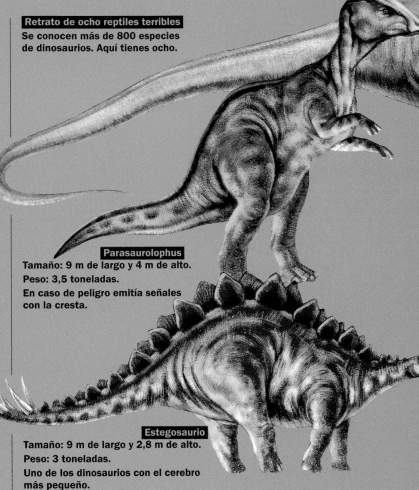

Parasaurolophus
Tamaño: 9 m de largo y 4 m de alto.
Peso: 3,5 toneladas.
En caso de peligro emitía señales con la cresta.

Estegosaurio
Tamaño: 9 m de largo y 2,8 m de alto.
Peso: 3 toneladas.
Uno de los dinosaurios con el cerebro más pequeño.

Herrerasaurio
Tamaño: 4 m de largo y 2,5 m de alto.
Peso: 150 kg
Uno de los dinosaurios carnívoros más antiguos que se conocen.

¿Cómo se formó el fósil del apatosaurio?

El apatosaurio era un dinosaurio enorme. Pesaba 30 toneladas y medía 21 m de largo y 8 m de alto. Para alimentar ese cuerpo tan grande tenía que estar comiendo todo el día. El menú de este dinosaurio herbívoro estaba compuesto por helechos y grandes hojas de coníferas. Cuando le atacaban, usaba su larga cola, formada por 82 huesos, para hacer retroceder a su adversario. Aquí vemos cómo se formó su fósil.

❶ Hace 150 millones de años, un apatosaurio cayó en una laguna y murió ahogado.

❷ La carne del dinosaurio desapareció rápidamente y el esqueleto, más duro, resistió.

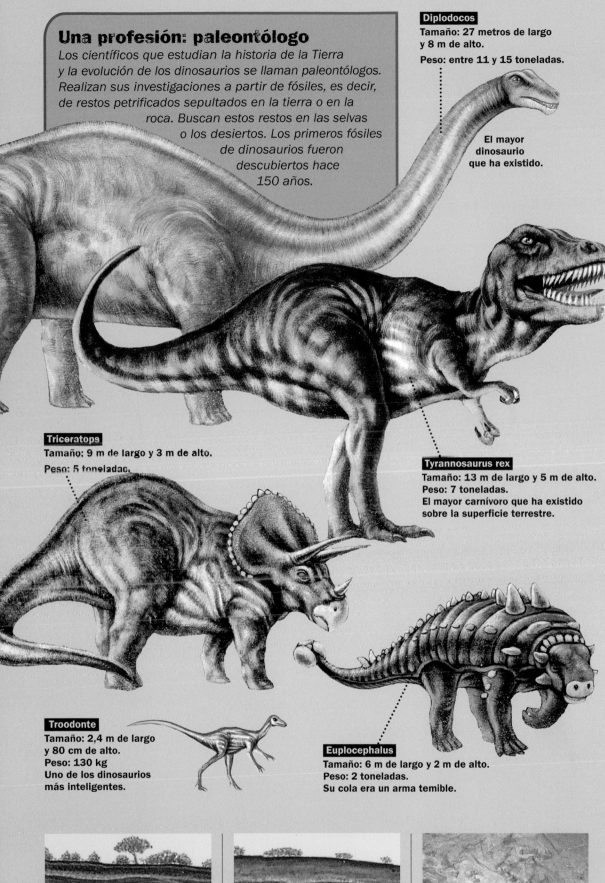

Una profesión: paleontólogo

Los científicos que estudian la historia de la Tierra y la evolución de los dinosaurios se llaman paleontólogos. Realizan sus investigaciones a partir de fósiles, es decir, de restos petrificados sepultados en la tierra o en la roca. Buscan estos restos en las selvas o los desiertos. Los primeros fósiles de dinosaurios fueron descubiertos hace 150 años.

Diplodocos
Tamaño: 27 metros de largo y 8 m de alto.
Peso: entre 11 y 15 toneladas.

El mayor dinosaurio que ha existido.

Triceratops
Tamaño: 9 m de largo y 3 m de alto.
Peso: 5 toneladas.

Tyrannosaurus rex
Tamaño: 13 m de largo y 5 m de alto.
Peso: 7 toneladas.
El mayor carnívoro que ha existido sobre la superficie terrestre.

Troodonte
Tamaño: 2,4 m de largo y 80 cm de alto.
Peso: 130 kg
Uno de los dinosaurios más inteligentes.

Euplocephalus
Tamaño: 6 m de largo y 2 m de alto.
Peso: 2 toneladas.
Su cola era un arma temible.

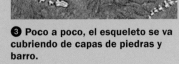

❸ Poco a poco, el esqueleto se va cubriendo de capas de piedras y barro.

❹ Después de millones de años, los restos del dinosaurio se transforman en piedra.

❺ Los paleontólogos descubren el fósil de ese esqueleto gigante.

El hombre puebla la Tierra

Y por fin, ¡aquí tenemos al hombre! La presencia del ser humano es muy tardía en comparación con la edad de la Tierra. Con el paso del tiempo, evolucionará y poblará todo el planeta. Una historia apasionante cuyo principio aún no se conoce con exactitud.

Nuestro antepasado Tumai

El hombre no apareció de golpe. Es el resultado de una evolución muy larga. Sabemos que tiene un antepasado en común con los grandes simios. Sin embargo, ignoramos cuándo se produjo la distinción entre ambas especies. El más antiguo de los antepasados del hombre fue hallado en el Chad. Se le conoce como Tumai. ¡Parece que vivió hace 7 millones de años!

De habilis a sapiens

Existieron diversas especies humanas, que a veces coincidieron en el tiempo. El *Homo habilis* apareció en África hace aproximadamente 2,5 millones de años. Caminaba erguido y sabía fabricar herramientas. El hombre moderno no apareció hasta hace unos 200 000 años. Se le conoce como *Homo sapiens*. Es nuestra especie.

Los viajes de nuestros antepasados

El primer hombre que salió de África fue el *Homo erectus*. Sucedió hace 2 millones de años. El hombre de Neandertal y el hombre moderno también viajaron. Es probable que estas tres especies coincidieran en algún momento.

❶ Francia.

❷ Níger.

❸ Argentina.

❹ Australia.

El hombre de Cromañón

El hombre de Cromañón fue un hombre moderno que vivió en Europa hace 30 000 años. Llevaba ropa de piel de mamut o de reno, pues en esta época hacía mucho frío. Era un hábil cazador. También sabía pintar, grabar y esculpir.

−7 millones de años:
Tumai es el antepasado del hombre más antiguo que conocemos.

Hace 2,5 millones de años:
Homo habilis

Hace 2 millones de años:
Homo erectus

Poco a poco, los hombres modernos poblaron toda la Tierra

Estos grabados y pinturas nos lo demuestran. Los primeros hombres que llegaron a América pasaron por el estrecho de Béring, que en aquella época estaba seco.

5 Noruega.

6 Arabia Saudita.

Hace 1 millón de años

–200 000 años   0

Hombre moderno
Neandertal

La vida hoy

Hormigas, peces, aves, helechos, árboles, setas... los seres vivos son innumerables y muy variados. Algunos se extienden, otros están amenazados. Todos cambian, sin que nos demos cuenta. ¡Viva la vida!

La biodiversidad

La palabra «biodiversidad» es muy reciente. Significa «diversidad biológica». En el planeta existe, en efecto, un número muy grande de organismos vivos: animales y vegetales. Hay también más de seis mil millones de personas.
La biodiversidad se refiere a toda esta variedad y riqueza.

Grandes familias

Para poder entender el mundo que nos rodea, clasificamos a los seres vivos en especies, que a su vez se agrupan en familias.
Por ejemplo, la vaca es un animal vertebrado que pertenece a la familia de los mamíferos. Y la hormiga es un animal invertebrado de la familia de los insectos.

¡Millones de especies!

Nadie sabe cuántas especies diferentes viven en el planeta. Los científicos conocen aproximadamente 1,75 millones. Son pocas ya que, según las estimaciones, podrían existir entre 3,5 y 100 millones de especies diferentes. Así pues, estamos muy lejos de conocerlas todas.

Algunas especies vegetales

La palmera forma parte de las plantas que florecen y producen las semillas dentro de los frutos.

El liquen, planta sin tallo ni hojas, no florece nunca.

Los helechos no florecen ni producen semillas.

Las plantas con flores agrupan el mayor número de vegetales.

Las algas son parientes de los líquenes. Viven en el agua.

Los musgos carecen de flores y raíces.

Las semillas de las coníferas no están dentro del fruto.

La seta es un ser vivo a parte: ¡no es una planta!

Las principales especies

Existen cuatro grandes tipos de seres vivos. Los animales engloban los vertebrados y los invertebrados. Los vegetales agrupan las plantas que producen semillas y las que no. Además están los hongos, que forman una familia aparte, y los microbios, que incluyen los virus y las bacterias.

Extinciones naturales

Ciertos fenómenos, especialmente climáticos, pueden provocar la extinción de determinadas especies. Como sucedió hace 65 millones de años con los dinosaurios. Nada asegura que algo así no pueda volver a pasar.

La acción del hombre

Por su presencia y sus actividades, los seres humanos pueden acabar con los animales y los vegetales. Por ejemplo, la tala masiva de árboles en la Amazonia es un auténtico peligro para los animales que viven en aquella enorme selva. La intervención humana también puede ser positiva cuando acondiciona territorios, como las zonas húmedas o los parques naturales, para proteger la fauna y la flora.

Por suerte, la vida tiene una gran capacidad de recuperación. Al margen de estas crisis, las especies pueden desaparecer de forma natural. Aunque es imposible estudiar la evolución de todos los seres vivos, se sabe que el 1% de las aves que vivían en el siglo XVII ya no existen.

Especies amenazadas

También el hombre pone en peligro la supervivencia de algunas especies. Así, la contaminación de los mares y la caza son una auténtica amenaza para las ballenas. Hay otros animales en peligro: el panda gigante, el rinoceronte negro, el leopardo de las nieves...

Algunas especies animales

La grulla del Japón es un ave.

El cangrejo es un animal invertebrado de la familia de los crustáceos.

La hormiga es también un animal invertebrado: es un insecto.

La tortuga es un reptil.

La rana es un anfibio.

La vaca es un mamífero.

Como todos los peces, el pez loro es un vertebrado.

Los seres humanos somos mamíferos de la rama de los primates.

Y además...

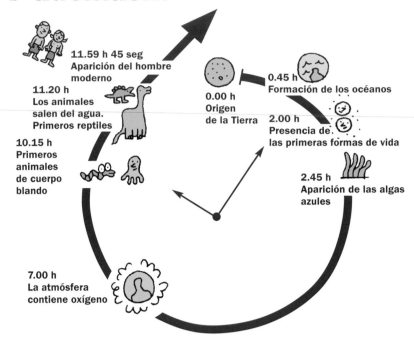

11.59 h 45 seg
Aparición del hombre moderno

11.20 h
Los animales salen del agua. Primeros reptiles

10.15 h
Primeros animales de cuerpo blando

7.00 h
La atmósfera contiene oxígeno

0.00 h
Origen de la Tierra

0.45 h
Formación de los océanos

2.00 h
Presencia de las primeras formas de vida

2.45 h
Aparición de las algas azules

EL RELOJ DE LA VIDA

Imagina los 4 500 millones de años de la historia de la Tierra reducidos a 12 horas. A las 00 h 00, la Tierra acaba de formarse. Busca los hechos que han llevado a la aparición del hombre a las 11 h 59.

LA CREACIÓN

¿Por qué apareció el hombre?
Las religiones dan un sentido a la vida, pero no responden exactamente a la pregunta «¿cómo?». Así, la Biblia afirma que Dios creó el mundo en siete días.

EL HOMBRE DE TAUTAVEL

En Tautavel, en el Pirineo, se encontró un fósil de *Homo erectus*. Es el rastro de vida humana más antiguo conocido en Europa. Vivió hace 450 000 años.

MAMÍFEROS MARINOS

Los antepasados de los delfines eran mamíferos terrestres que vivían junto al mar. Como pasaban

mucho tiempo en el agua, evolucionaron: las patas se les transformaron en aletas.

EL POLEN

El polen es un polvo muy fino que producen las flores. Se conserva durante mucho tiempo, por ejemplo, en el fondo de los lagos. Estudiándolo se puede saber qué vegetación existía miles de años atrás.

¡ABRÓCHENSE LOS CINTURONES!

Aunque no nos demos cuenta, la Tierra gira alrededor del Sol a más de 100 000 km/h,

y alrededor del núcleo de la Vía Láctea a 900 000 km/h. Increíble, ¿verdad?

LA FORMACIÓN DE LA LUNA

Poco después de su formación, la Tierra recibió el impacto de un astro gigante.
El terrible choque lanzó al espacio pedazos enormes de roca. Estas rocas, al unirse, formaron la Luna. Situada a 348 000 kilómetros de la Tierra, la Luna es el astro más cercano a nuestro planeta.

LA FORMA DE LA TIERRA

Contrariamente a lo que se suele pensar, la Tierra no es completamente redonda. Está ligeramente achatada por los polos. La ciencia que estudia la forma de la Tierra se llama geodesia.

EL AGUJERO NEGRO

Las estrellas también se mueren. Las mayores explotan para luego convertirse en un núcleo de materia muy densa llamado agujero negro. Si un objeto se acerca, es inmediatamente atraído y absorbido por este «agujero».

¡PIDE UN DESEO!

Los meteoritos son fragmentos de roca que van errantes por el espacio. Cuando uno de ellos se acerca a la Tierra, la atmósfera lo quema. Es lo que conocemos como estrella fugaz.

EL CORAL

Es un ser vivo muy curioso, consiste en la unión de un alga y un minúsculo animal. El animal, en forma de saco, alberga el alga, que le permite respirar. Los corales viven en colonias.

EL MAYOR DINOSAURIO DE EUROPA

En diciembre de 2006 se descubrió en España el mayor fósil de dinosaurio encontrado nunca en Europa. Se trata de un saurópodo que vivió hace unos 150 millones de años. Este dinosaurio herbívoro, de 38 metros de largo, pesaba entre 40 y 48 toneladas.

BRAHMA

Para los adeptos de la religión hinduista, fue el dios Brahma quien creó el mundo. Se le suele representar sentado sobre una flor de loto que nace del ombligo de otro dios, Vishnú.

LUCY

Medía 1,10 m y pesaba 30 kilos. Debía tener 14 o 15 años y se desplazaba erguida. Comía sobre todo hojas y fruta. ¿Nada extraordinario? No, ¡excepto que vivió hace 3,2 millones de años! Lucy, una parte de cuyo esqueleto se encontró en Etiopía en 1947, era un australopiteco.

EL SOL, LA ESTRELLA QUE NOS CALIENTA

El Sol es una gigantesca bola de gas. Es tan grande que podría contener los ocho planetas del sistema solar. En su superficie la temperatura es de 6 000 ºC y en el núcleo llega a alcanzar los 15 millones de grados. Esta formidable fuente de energía es la que nos calienta y nos ilumina.

¿Y SI LA TIERRA NO TUVIESE ATMÓSFERA?

Si no hubiese atmósfera, la Tierra tendría aproximadamente la misma temperatura que la Luna. Cada día, miles de meteoritos se estrellarían contra el planeta. Y sin oxígeno en la atmósfera, no podríamos respirar...

LOS FÓSILES

Un fósil es un animal o un vegetal que vivió hace millones de años y que se ha transformado en piedra con el paso del tiempo. Se puede referir tanto a un animal o una planta enteros, como a un hueso, un diente, una hoja... A partir de estos restos sepultados en la tierra o en la roca, los paleontólogos estudian la historia de la Tierra.

¿QUÉ ES UN AÑO LUZ?

En el universo las distancias son tan grandes que no pueden calcularse en kilómetros. Por eso se ha inventado una nueva unidad de medida: el año luz. Es la distancia que recorre la luz en un año, sabiendo que va a 300 000 kilómetros por segundo.

La energía
de la Tierra

La Tierra, un rompecabezas gigante

La Tierra es como una gran máquina agitada por fuerzas extraordinarias. Su superficie se presenta como un rompecabezas gigante, cuyas piezas se mueven en distintas direcciones. Estos movimientos fueron el origen de la formación de las montañas.

La Tierra, un melocotón gigante

La Tierra está formada por tres capas diferentes. Si la comparamos con una fruta como el melocotón, el suelo sobre el que andamos, llamado corteza terrestre, representaría la piel. Esta corteza es una capa fina de roca dura. Por debajo se encuentra el manto, la carne de la fruta, que está formado por rocas fundidas. En el centro, el hueso sería el núcleo.

Las piezas del rompecabezas

La corteza y la parte superior del manto forman la litosfera, que tiene aproximadamente 100 kilómetros de grosor. Está fragmentada en doce placas rígidas que cubren toda la superficie terrestre: son las placas tectónicas. Algunas están formadas por un continente, otras por un océano, otras tanto por tierra como por mar.

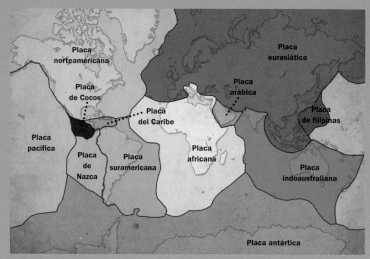

Placa norteamericana · Placa de Cocos · Placa del Caribe · Placa pacífica · Placa de Nazca · Placa suramericana · Placa africana · Placa eurasiática · Placa arábica · Placa de filipinas · Placa indoaustraliana · Placa antártica

Existen doce placas tectónicas más o menos grandes. Se mueven a distintas velocidades y en direcciones diferentes.

El movimiento de las placas

❶ Esta placa está compuesta por un continente. Se dice que es una placa continental.

❷ Esta placa está formada por un continente y un océano.

❸ Esta placa constituye el fondo de un océano. Se dice que es una placa oceánica.

❹ Una placa continental.

❺ Las placas entran en contacto.

❻ La colisión provoca la formación de una cadena montañosa.

❼ Aquí las dos placas se separan una de la otra. La lava emerge por la fisura y permite el crecimiento del fondo oceánico.

❽ Esta lava constituye una dorsal oceánica.

❾ Cuando encuentra una placa continental, la placa oceánica se desliza por debajo en una zona de subducción.

❿ La placa oceánica se sumerge en el manto, las rocas se funden. En la superficie pueden aparecer volcanes.

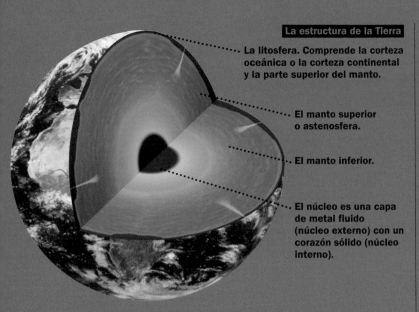

La litosfera. Comprende la corteza oceánica o la corteza continental y la parte superior del manto.

El manto superior o astenosfera.

El manto inferior.

El núcleo es una capa de metal fluido (núcleo externo) con un corazón sólido (núcleo interno).

Movimientos convergentes: la colisión

Cuando dos placas se encuentran se produce una colisión.
Es el caso de la placa indoaustraliana y la placa asiática. De su choque ha nacido el macizo del Himalaya.

Movimientos convergentes: la subducción

Cuando una placa continental y una placa oceánica se encuentran, la placa oceánica, más pesada, se desplaza bajo la placa continental.
Es la subducción.
Grandes cordilleras, como los Andes, ricas en volcanes, se han formado por subducción. Es también en estas zonas de subducción donde los terremotos son más importantes. Estas zonas se sitúan alrededor del Pacífico.

¡En el manto todo se mueve!

El manto y el núcleo están agitados por grandes movimientos, las corrientes de convección. Estos movimientos se deben a las diferencias de temperatura entre las distintas rocas del manto. Las rocas de las profundidades suben a la superficie mientras que las que están cerca de la corteza se hunden.

Los movimientos de las placas

Las placas tectónicas reposan sobre el manto. Las corrientes de convección actúan como una cinta transportadora: hacen que las placas se desplacen unas respecto de otras.

Movimientos divergentes

Se producen sobre todo en el fondo de los océanos. Cuando dos placas se separan, la corteza oceánica se rompe. Se forman así grandes fracturas a la altura de las dorsales oceánicas.

¡No todas al mismo ritmo!

Las placas se desplazan en direcciones diferentes a mayor o menor velocidad. La placa eurasiática solo se desplaza un centímetro al año hacia el este. En cambio, la placa pacífica puede deslizarse 20 cm al año hacia el noroeste. Estos movimientos son imperceptibles, pero pueden provocar terremotos y erupciones volcánicas.

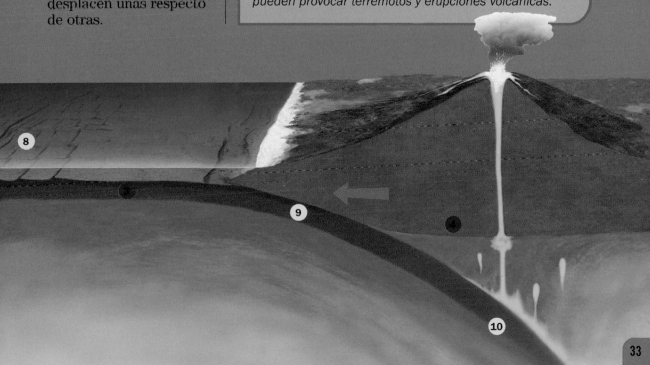

La deriva de los continentes

La Tierra que conocemos está formada por cinco continentes y cinco océanos. Pero, hace millones de años, nuestro planeta presentaba un aspecto muy distinto. ¡Cuántos cambios se han producido por el movimiento de las placas tectónicas!

Un solo continente: la Pangea
Hace 250 millones de años, la Tierra estaba agrupada en un solo «supercontinente» llamado Pangea. Este supercontinente estaba rodeado por un océano único. Posteriormente, hace 180 millones de años, el océano separó la Pangea en dos bloques diferentes: Laurasia, al norte, y Gondwana, al sur.

Hacia la Tierra actual
Hace 120 millones de años se formaron los océanos Atlántico e Índico. Estos dividieron Gondwana en dos partes: un bloque, formado por América del Sur-África, y otro que agrupaba Australia, la India y la Antártida. Al norte, el océano Atlántico dividió Laurasia en dos: América del Norte por un lado y Eurasia por el otro.

Continentes a la deriva
La deriva continúa en todos los continentes que se han formado. A la velocidad de unos centímetros al año, la India se acerca a Asia, y acaba chocando con ella. África sube hacia el norte y se encuentra con Europa, mientras América se separa de ella hacia el oeste. Al mismo tiempo, Australia se distancia de la Antártida y va hacia el sureste asiático.

La deriva de los continentes

❶ Era Primaria
Todos los continentes están unidos formando uno solo: la Pangea.

❷ Jurásico
El mar separa la Pangea en dos bloques: Laurasia, al norte, y Gondwana, al sur.

❸ Principios del Cretácico
Los dos bloques se fragmentan. Empieza a dibujarse la distribución actual de los continentes.

❹ Finales del Cretácico
Los continentes se separan los unos de los otros, quedando cubiertos, en ocasiones, por mares poco profundos.

❺ Era Terciaria
La India colisiona con Asia. Al otro lado del globo Australia se separa de la Antártida.

❻ Hoy
La Tierra tiene cinco continentes: Eurasia, África, Antártida, América y Australia.

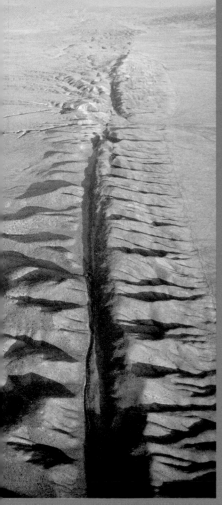

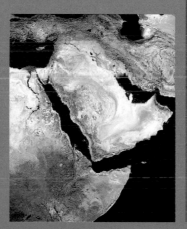

La falla de San Andrés

A veces las placas sencillamente se deslizan una contra la otra. Esto es lo que sucede en California, en el punto donde se encuentran las placas norteamericana y pacífica. Su rozamiento ha creado una sucesión de fracturas en la corteza terrestre: la más conocida es la de San Andrés.

La falla de San Andrés. La placa pacífica sube hacia el norte a la velocidad de 5,5 cm al año: dentro de 10 millones de años, Los Ángeles quedará a la altura de San Francisco, separada hoy 600 km.

Las islas volcánicas

Cuando dos placas se separan en medio del océano las rocas volcánicas ascienden de las profundidades de la Tierra y se depositan en el fondo del agua. A veces llegan a tener tanto grosor que emergen como islas. Es el caso de Islandia.

¿Y después?

Actualmente los continentes continúan desplazándose. Se calcula que dentro de 50 millones de años el Mediterráneo habrá desaparecido y Australia se habrá unido a Indonesia. Aunque estos movimientos, ineluctables y muy lentos, sean imperceptibles, sus consecuencias pueden observarse en la superficie de la Tierra.

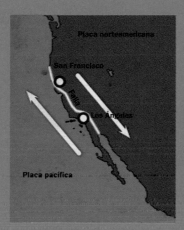

La península arábiga se separó del continente africano e hizo aparecer el mar Rojo.

La cordillera de los Andes

La placa del Pacífico se desliza bajo la de América del Sur. Este fenómeno de subducción tiene como consecuencia la formación de montañas y de volcanes. Así fue como apareció la cordillera de los Andes, en América del Sur. Su pico más alto es un volcán, el Aconcagua, de 6 959 m.

Surtsey es una isla volcánica al sur de Islandia. Salió de las aguas en 1963.

La cadena del Himalaya

El Himalaya es el macizo montañoso más alto del mundo. Nació de la colisión entre las placas indoaustraliana y eurasiática. Levanta la solapa y observa cómo se formó.

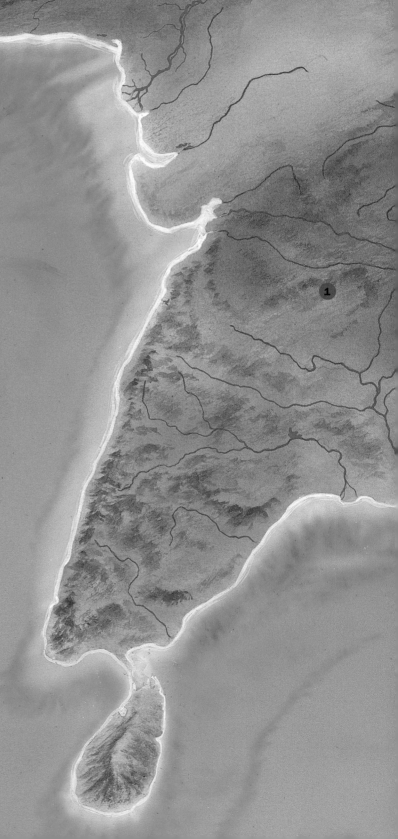

Indus

1

La formación de las montañas

La existencia de los macizos montañosos se debe a los movimientos de las placas tectónicas. Los relieves se forman en los límites de las placas, donde se producen las colisiones y los fenómenos de subducción. Estos relieves tardan millones de años en formarse.

El largo viaje de la India

Hace 180 millones de años la India y Asia estaban separadas. La placa india estaba situada aproximadamente a la altura de Madagascar, es decir, a más de 7 000 kilómetros de su posición actual. Luego, por efecto de las corrientes de convección, empezó a moverse hacia el norte.

El choque entre la India y Asia

Tras un viaje de 50 millones de años, la placa india entró en contacto con la placa asiática. Esta colisión supuso el levantamiento de enormes masas de roca, que se plegaron y se rompieron bajo el efecto del movimiento. Hoy día la placa india sigue avanzando y el Himalaya se levanta todavía a una velocidad aproximada de 1 cm al año.

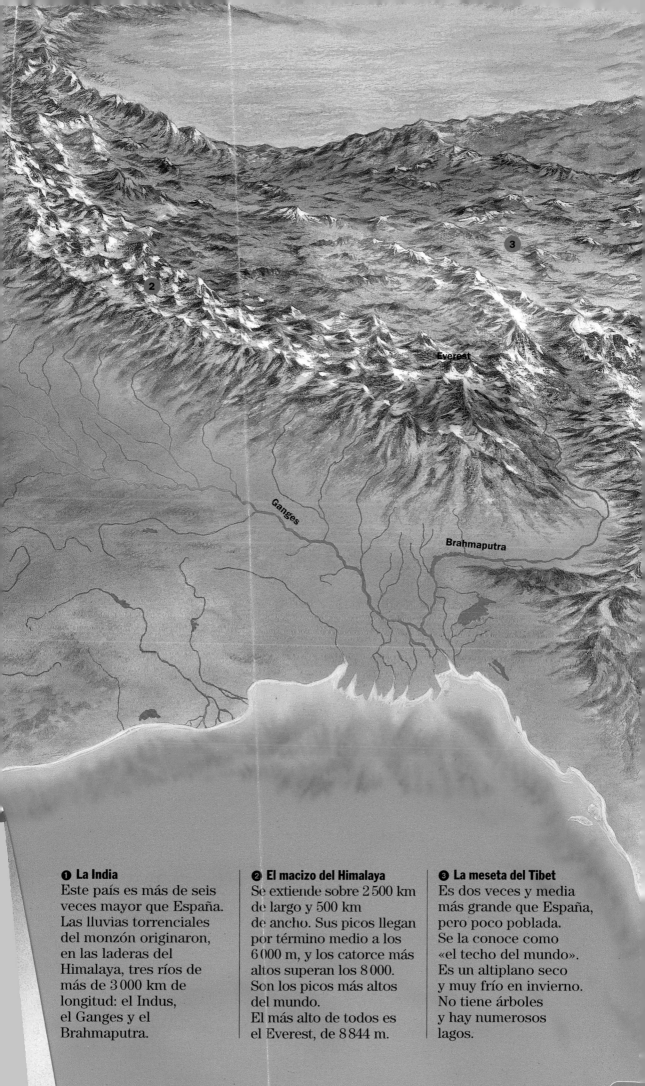

Everest

Ganges

Brahmaputra

❶ **La India**
Este país es más de seis veces mayor que España. Las lluvias torrenciales del monzón originaron, en las laderas del Himalaya, tres ríos de más de 3 000 km de longitud: el Indus, el Ganges y el Brahmaputra.

❷ **El macizo del Himalaya**
Se extiende sobre 2 500 km de largo y 500 km de ancho. Sus picos llegan por término medio a los 6 000 m, y los catorce más altos superan los 8 000. Son los picos más altos del mundo. El más alto de todos es el Everest, de 8 844 m.

❸ **La meseta del Tíbet**
Es dos veces y media más grande que España, pero poco poblada. Se la conoce como «el techo del mundo». Es un altiplano seco y muy frío en invierno. No tiene árboles y hay numerosos lagos.

Viaje al centro de la Tierra

Himalaya

TÍBET/ASIA

INDIA

ÁFRICA

Corteza continental

Corteza oceánica

Astenosfera

Manto inferior

Núcleo externo

Núcleo interno

Las doce placas que constituyen la superficie de la Tierra flotan sobre el manto. A veces, se encuentran. La colisión producida cuando dos placas continentales se encuentran origina las montañas. El Himalaya es el resultado del encuentro entre la India y Asia; los Alpes, del de África y Europa.

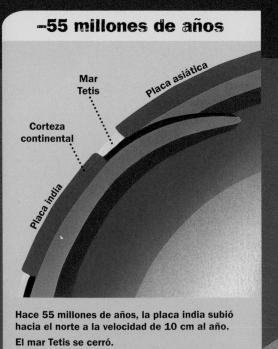

-55 millones de años

Mar Tetis

Placa asiática

Corteza continental

Placa india

Hace 55 millones de años, la placa india subió hacia el norte a la velocidad de 10 cm al año.

El mar Tetis se cerró.

Tras un trayecto de 7 000 kilómetros, la placa india encontró la placa asiática.

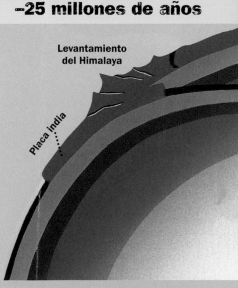

-25 millones de años

Levantamiento del Himalaya

Placa india

La placa india se empotra en la placa asiática. Las placas se sueldan.

El empujón continúa y empieza a aparecer hace 25 millones de años un cojín de rocas. Es el nacimiento del macizo del Himalaya.

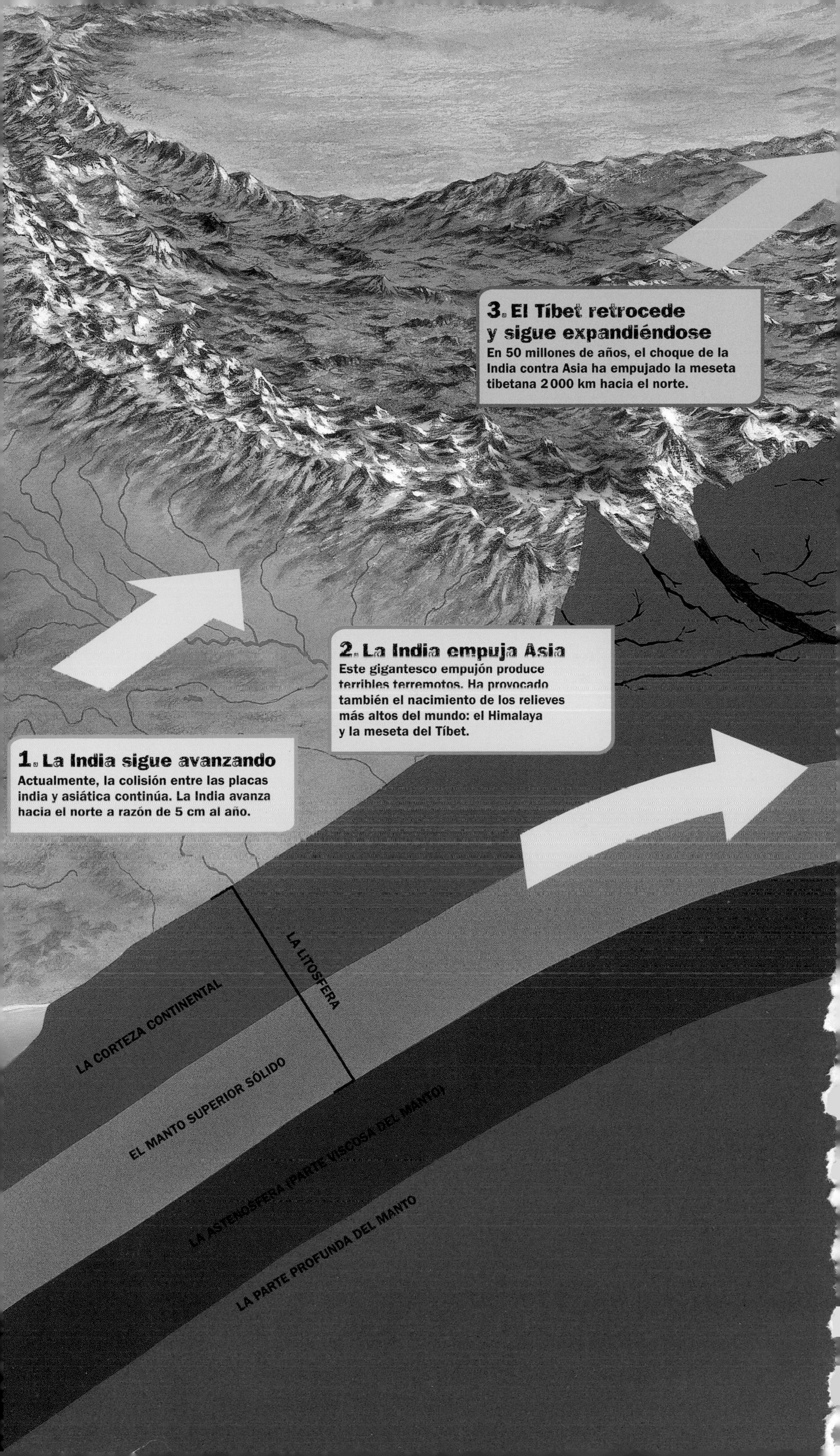

3. El Tíbet retrocede y sigue expandiéndose

En 50 millones de años, el choque de la India contra Asia ha empujado la meseta tibetana 2 000 km hacia el norte.

2. La India empuja Asia

Este gigantesco empujón produce terribles terremotos. Ha provocado también el nacimiento de los relieves más altos del mundo: el Himalaya y la meseta del Tíbet.

1. La India sigue avanzando

Actualmente, la colisión entre las placas india y asiática continúa. La India avanza hacia el norte a razón de 5 cm al año.

LA LITOSFERA

LA CORTEZA CONTINENTAL

EL MANTO SUPERIOR SÓLIDO

LA ASTENOSFERA (PARTE VISCOSA DEL MANTO)

LA PARTE PROFUNDA DEL MANTO

Cimas muy diferentes

En todos los lugares de la Tierra hay montañas, incluso en el fondo de los mares. Ninguna montaña es igual a las demás. Son más o menos altas, redondeadas o puntiagudas. Para saberlas distinguir bien, debemos fijarnos en su formación.

Montañas muy antiguas ya desaparecidas

Los continentes conservan el rastro de montañas muy antiguas hoy desaparecidas totalmente por efecto de la erosión. Algunas existieron hace varios cientos de millones de años. De ellas quedan las rocas que formaban la base, las raíces.

Las montañas jóvenes

Se levantaron hace algunas decenas de millones de años y la erosión aún no las ha podido desgastar del todo. Por eso se habla de montañas jóvenes. A veces son muy altas, con cimas agudas. Los Alpes y el Himalaya son macizos jóvenes.

Las montañas antiguas

Están situadas en el emplazamiento de macizos muy antiguos. De estos, desgastados por la erosión, solo quedaban las raíces, que volvieron a levantarse al aparecer las montañas jóvenes. Estos macizos tienen formas redondeadas, cumbres llanas y no son muy altos.

Dos grandes conjuntos

En la superficie del planeta hay dos grandes conjuntos montañosos. Uno en el lado oeste de América que se extiende desde Alaska hasta la Tierra del Fuego. El otro va desde Marruecos hasta China, con el Atlas, los Pirineos, los Alpes, el Cáucaso y el macizo del Himalaya.

¿Qué es la erosión?

El hielo, los aludes, los corrimientos de tierras, los torrentes, la lluvia, la nieve, el viento... todos estos elementos naturales desgastan las montañas. Lentamente, los picos se van desgastando, redondeando hasta convertirse, después de millones de años, en mesetas. Este fenómeno es la erosión. Cada año la erosión arranca de las cumbres del Himalaya aproximadamente siete mil millones de toneladas de restos rocosos.

El relieve de nuestro planeta

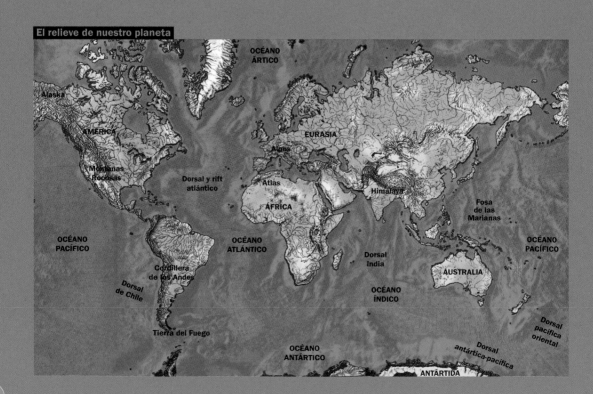

❶ El Everest, en el Himalaya, es la cumbre más alta de la Tierra.

❷ Los Dolomitas, en los Alpes, son un macizo calcáreo.

❸ La sierra de Puys, en Francia.

❹ El Grand Teton, en las Rocosas, Estados Unidos.

❺ El Aconcagua, punto culminante de los Andes.

❻ El Kilimanjaro, en Tanzania. Su cumbre es un glaciar.

Los volcanes, montañas espectaculares

Los volcanes son unas montañas muy especiales. Formados por rocas procedentes de las profundidades de la Tierra, son la prueba de que nuestro planeta tiene una gran actividad a decenas de kilómetros bajo nuestros pies.

En las entrañas de un volcán

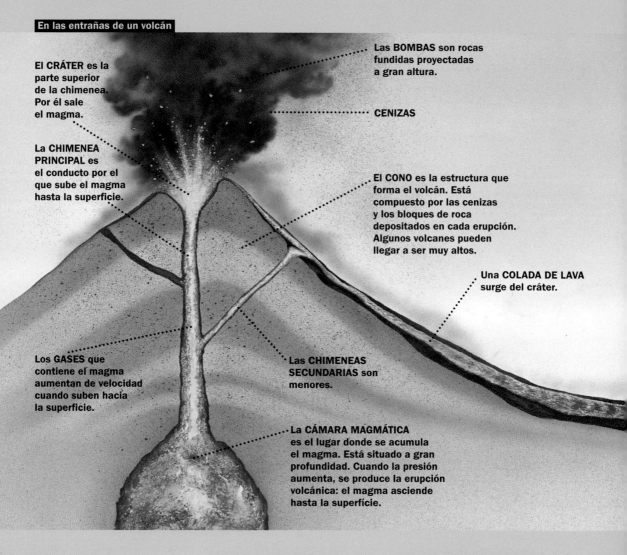

El CRÁTER es la parte superior de la chimenea. Por él sale el magma.

La CHIMENEA PRINCIPAL es el conducto por el que sube el magma hasta la superficie.

Los GASES que contiene el magma aumentan de velocidad cuando suben hacia la superficie.

Las BOMBAS son rocas fundidas proyectadas a gran altura.

CENIZAS

El CONO es la estructura que forma el volcán. Está compuesto por las cenizas y los bloques de roca depositados en cada erupción. Algunos volcanes pueden llegar a ser muy altos.

Una COLADA DE LAVA surge del cráter.

Las CHIMENEAS SECUNDARIAS son menores.

La CÁMARA MAGMÁTICA es el lugar donde se acumula el magma. Está situado a gran profundidad. Cuando la presión aumenta, se produce la erupción volcánica: el magma asciende hasta la superfície.

El Vesubio. Su última erupción se produjo en 1944. La ciudad de Nápoles está construida justo a sus pies.

¿Qué es un volcán?

Un volcán es la estructura que se forma cuando la roca en fusión, el magma, sube por las chimeneas y llega a la superficie de la tierra. Junto con ella, se escapan gases. Durante la erupción, las rocas volcánicas se acumulan alrededor del cráter y forman un cono más o menos alto.

Los estratovolcanes

Los volcanes con una sola chimenea y un cráter son poco frecuentes. La mayoría de las veces son grandes macizos formados por la acumulación de capas de cenizas y de coladas de lava de las sucesivas erupciones. Son los estratovolcanes. En Europa, el estratovolcán más grande es el macizo del Cantal, en Francia.

El volcán Doinyio Lengai, en Tanzania, es una montaña sagrada para el pueblo masai, que vive en las cercanías.

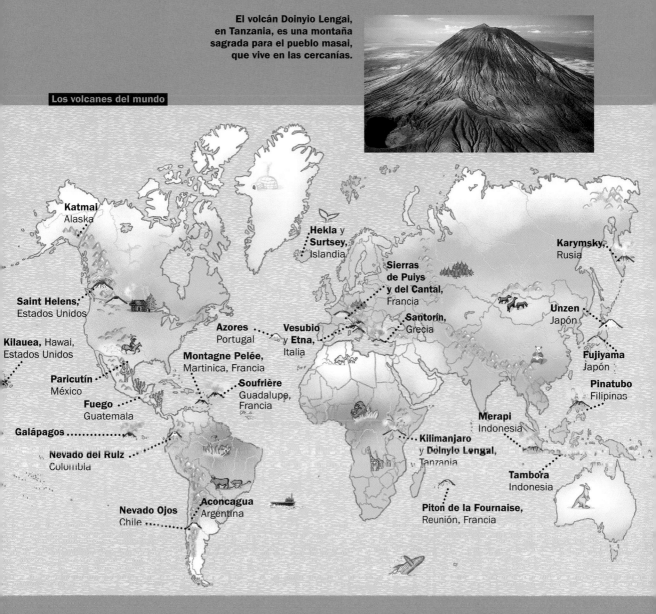

Katmai
Alaska

Hekla y
Surtsey,
Islandia

Karymsky,
Rusia

Sierras
de Puiys
y del Cantal,
Francia

Santorín,
Grecia

Unzen
Japón

Saint Helens,
Estados Unidos

Azores
Portugal

Vesubio
y Etna,
Italia

Kilauea, Hawai,
Estados Unidos

Montagne Pelée,
Martinica, Francia

Fujiyama
Japón

Paricutín
México

Soufrière
Guadalupe,
Francia

Pinatubo
Filipinas

Fuego
Guatemala

Merapi
Indonesia

Galápagos

Kilimanjaro
y Doinylo Lengai,
Tanzania

Nevado del Ruiz
Colombia

Tambora
Indonesia

Nevado Ojos
Chile

Aconcagua
Argentina

Piton de la Fournaise,
Reunión, Francia

El lado positivo de las cosas

Los volcanes pueden ser mortíferos. Pero también son beneficiosos para quienes viven cerca de ellos. Las cenizas expulsadas durante una erupción volcánica hacen las laderas del volcán particularmente fértiles y favorecen los cultivos. En los volcanes a veces hay fuentes de agua muy pura. Por eso muchas aguas minerales provienen de regiones volcánicas.

El Fujiyama es la cumbre más alta de Japón. Ocho millones de turistas lo escalan cada año.

¿Activos o apagados?

Se considera que un volcán está activo cuando ha entrado en erupción recientemente, es decir, en los últimos cien años. Los demás reciben el nombre de pasivos, pero nada asegura que no despierten algún día.

¿Dónde están situados?

Los volcanes se localizan en las zonas de contacto entre las placas tectónicas, especialmente a orillas del Pacífico, al este de África y en las dorsales oceánicas. En el mundo existen alrededor de 500 volcanes activos.

Magmas muy diferentes

Los magmas pueden ser más o menos ricos en gases, fluidos o muy sólidos, de color oscuro o claro...
Estas diferencias permiten clasificar los volcanes y determinar su peligrosidad.

Explosiones y ríos de fuego

Los volcanes son conocidos por sus espectaculares explosiones, extremadamente peligrosas. Pero no todos los volcanes funcionan de la misma manera. Algunos están constantemente en erupción, otros se despiertan bruscamente.

Coladas de lava

Cuando el magma es líquido, la lava corre por las laderas del volcán. Su temperatura media es de 1 000 °C, pero se enfría en contacto con el aire. Estos torrentes de rocas en fusión pueden extenderse deprisa, hasta 70 km/h, y recorrer distancias muy grandes. Estas erupciones causan pocas víctimas, porque generalmente la población ha tenido tiempo de huir.

Las cenizas y las bombas

Cuando el magma contiene mucho gas, las explosiones son frecuentes. En estas erupciones, grandes cantidades de restos minerales salen despedidas a la atmósfera. Las bombas más pesadas caen cerca del cráter. Las cenizas, más ligeras, pueden elevarse hasta una altura de 30 km y se dispersan lejos del volcán.

Tipos de erupción

❶ **Erupción estromboliana:** coladas de lava, proyección de cenizas y de bombas.

❷ **Erupción peleana:** explosión violenta y formación de nubes ardientes de cenizas, rocas y gases incandescentes.

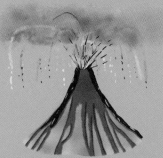

❸ **Erupción vulcaniana:** el volcán proyecta ceniza, gas y lava como consecuencia de las explosiones.

Columnas de humo. Erupción del monte Saint Helens, en Estados Unidos.

Los últimos días de Pompeya

Una de las erupciones volcánicas más importantes de la historia fue la del Vesubio en el año 79. La ciudad, Pompeya, quedó completamente sepultada bajo seis metros de cenizas. Gran parte de los 20 000 habitantes de su población murió en la catástrofe. Los arqueólogos excavan las ruinas desde el siglo XVIII, ya que ría ciudad es un tesoro para conocer la vida cotidiana de la época.

❹ **Erupción hawaiana:** no hay explosión porque hay pocos gases. Las lavas son muy líquidas.

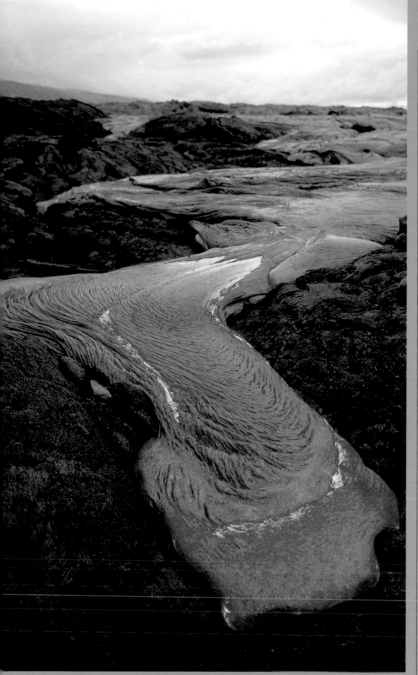

El Kilauea, en Hawai. Los volcanes de tipo hawaiano no explotan. Sus coladas de lava a veces llegan hasta el mar.

Las bombas

Las bombas son fragmentos de lava proyectados al aire durante la erupción. Pueden ser muy grandes, del tamaño de un coche. Muchas veces tienen una forma en espiral debida al movimiento de rotación en el aire.

Las nubes ardientes

Si el magma es rico en gas, puede formarse una gran nube ardiente que transporta rocas y cenizas. Estas erupciones son muy peligrosas, porque la nube puede alcanzar una gran altura y desplazarse a más de 100 km/h o desplomarse sobre las laderas del volcán.

Las erupciones hoy

A veces los volcanes entran en erupción de forma inesperada, como hizo el Pinatubo, en Filipinas, en 1991. Después de 500 años inactivo nadie se imaginaba que esto pudiera suceder. Algunas casas se hundieron bajo el peso de las cenizas, pero afortunadamente casi todos los habitantes pudieron ser evacuados a tiempo.

En el fondo de los océanos

En las dorsales oceánicas algunos volcanes submarinos producen fumarolas negras: fuentes de agua hirviendo, muy rica en partículas metálicas.
En el fondo de los océanos, a más de 2 500 m de profundidad, se forman grandes chimeneas de las que se eleva una columna negra. Estas fuentes calientes permiten que haya vida en las profundidades oscuras y frías de los océanos.

Funcionamiento de una fumarola negra

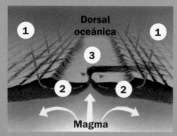

Dorsal oceánica

1   1

3

2   2

Magma

❶ El agua del mar penetra por las rocas del fondo marino.
Se carga de partículas metálicas como el cobre, el manganeso o el hierro.

❷ El agua se calienta en contacto con las rocas en fusión, el magma.

❸ El agua vuelve a salir al mar por la chimenea de la fumarola negra a una temperatura de 350 °C.

Las fumarolas negras no fueron descubiertas hasta 1977.

Terremotos: tiembla la Tierra

Cada año se producen unos 10 000 temblores de tierra. La mayoría son imperceptibles, pero todos los días hay uno violento. Esta frecuencia tan elevada es una muestra de las fuerzas subterráneas que agitan el planeta.

¿Cómo se originan los terremotos?

Bajo tierra, en el interior del manto, las rocas se desplazan, se deforman y, a veces, se rompen. El lugar donde se produce el movimiento, llamado hipocentro o foco, puede encontrarse a entre 20 y 500 kilómetros de profundidad. Esta fractura comporta la propagación de vibraciones, las ondas sísmicas. Cuando estas ondas llegan a la superficie se produce un terremoto. El punto de salida es el epicentro, el lugar donde el terremoto se percibe con mayor intensidad.

¿Dónde se producen?

Los terremotos se producen frecuentemente en las zonas de contacto entre las placas tectónicas. Estas placas están fracturadas en distintos bloques. En los márgenes de los bloques también se originan terremotos. Las regiones más afectadas se encuentran a las orillas del Pacífico y en una amplia banda entre Marruecos y China.

Daños considerables

Los terremotos solo duran unos segundos, pero pueden producirse varios seguidos. Un terremoto puede provocar enormes destrozos en puentes, carreteras y casas, y causar un gran número de víctimas.

¿Por qué tiembla la Tierra?

❶ Las placas tectónicas están fracturadas en diferentes bloques.

Fractura

Bloque 1

Bloque 2

❷ Los bloques se desplazan unos respecto de otros, por efecto de las fuerzas del manto. Los bloques chocan verticalmente o, como aquí, lateralmente.

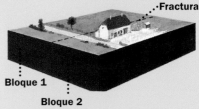

❸ Un terremoto se produce cuando las tensiones son demasiado fuertes en profundidad. Violentas vibraciones se propagan hasta la superficie y se desencadena el terremoto.

Fractura

Vibraciones del terremoto

El terremoto de Kobe

El 17 de enero de 1995 un terremoto de magnitud 7,2 devastó la ciudad de Kobe, en Japón. Los numerosos incendios que se declararon dificultaron la acción de los equipos de rescate. A pesar de que Japón es uno de los países mejor preparados ante estas catástrofes, murieron 6 300 personas. Se estimaron unas pérdidas valoradas en 100 000 millones de dólares.

En enero de 1995 el terremoto de Kobe, en Japón, devastó la ciudad.

La escala de Richter

La escala que mide la fuerza de los terremotos, o magnitud, es la de Richter. La mayor magnitud conocida en el siglo XX se registró en Chile en 1960: 9,9. La escala es abierta, es decir, que quizá han existido o existirán terremotos más fuertes.

La gravedad de la catástrofe

Los terremotos que tienen mayor magnitud no son necesariamente los que más destrozos provocan. Por encima de una magnitud de 5,5 un terremoto puede ser mortífero. La gravedad de un seísmo depende sobre todo del lugar donde se encuentra su epicentro: si se sitúa cerca de una zona poblada, puede ser particularmente devastador.

Tras un violento terremoto muchas veces hay que reconstruirlo todo. La vida debe continuar.

Medir los daños

Para medir los daños causados por un seísmo en la superficie de la Tierra se utiliza una escala de intensidad (escala MKS). Va de 1 a 12.

De 1 a 2, la sacudida a penas se percibe.

De 3 a 4, los vasos y los platos tiemblan.

De 5 a 6, las puertas y las ventanas golpean. Se desprenden pequeños pedazos de yeso de las paredes.

De 7 a 8, las paredes se agrietan y las chimeneas se caen.

De 9 a 10, muchos edificios se hunden. Y de 11 a 12, casi todo resulta destruido.

En Pakistán se produjo un seísmo en noviembre del 2005, a principios del invierno, estación muy fría en aquella región montañosa.

Tsunamis: la Tierra se mueve bajo el mar

Los tsunamis son olas gigantes, producidas por el movimiento de las placas tectónicas en el fondo de los océanos, que rompen en la costa. Aquí tenemos, explicado en cuatro etapas, cómo sucedió el tsunami de Sumatra, el 26 de diciembre de 2004.

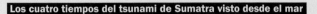

Los cuatro tiempos del tsunami de Sumatra visto desde el mar

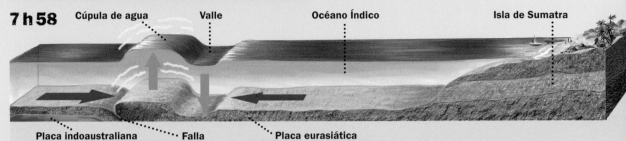

7 h 58   Cúpula de agua   Valle   Océano Índico   Isla de Sumatra

Placa indoaustraliana   Falla   Placa eurasiática

En el fondo del océano se produce un terremoto en la zona de contacto entre las placas indoaustraliana y eurasiática.

En este punto, el fondo del mar se eleva. Una cúpula de agua de varios metros de altura se levanta por encima del océano y cae violentamente. Se forman las olas del tsunami.

8 h 04   Ola que sale hacia Sri Lanka   Segunda ola que sale hacia Sumatra   Primera ola que va hacia Sumatra   Valle

En la superficie, las olas del tsunami avanzan rápidamente. Su velocidad depende de la profundidad del océano.

Cuanto más profundo es el océano, más deprisa van las olas. El tsunami de Sumatra, en 2004, nace a 4 000 metros de profundidad. Sus olas avanzan a 700 km/h, ¡tan rápido como un avión!

8 h 08   Segunda ola que va hacia Sumatra   Primera ola que llega a Sumatra   Valle

Las olas reducen la velocidad al acercarse a la costa. A 40 metros de profundidad avanzan a 36 km/h. Pero siguen teniendo una energía enorme.

La energía de las olas hace que estas cada vez sean más grandes y más altas. Se convierten en gigantes. La primera ola sigue llevando por delante el valle de agua, que es lo primero que llega a la costa. El agua se retira como durante una marea baja.

8 h 18   Tercera ola que sale hacia Sumatra   Segunda ola que va hacia Sumatra

La primera ola del tsunami se eleva unos 20 metros de altura. Llega a la playa y se inclina hacia delante.

Se dice que rompe. Penetrará cientos de metros tierra adentro. Lo devastará todo a su paso. Veinte minutos más tarde, llegará la segunda ola del tsunami.

Olas gigantes

Un tsunami es una sucesión de olas gigantes que llegan al litoral y lo devastan todo a su paso. *Tsunami* es una palabra japonesa que significa «ola de puerto».

El tsunami visto desde la tierra

Desde la playa, no se ve nada.

La línea del horizonte cambia de color.

El mar se retira. Aparecen los fondos marinos.

Llega la ola, que lo destruirá todo al romper en la costa.

La región turística de Phuket, en Tailandia, fue una de las más gravemente afectadas por el tsunami de diciembre de 2004.

¿Cómo se forman las olas?

Los tsunamis son provocados por una fuerza colosal que perturba la calma de los océanos. Esta fuerza nace de un violento seísmo, una erupción volcánica o un gigantesco corrimiento de tierras submarino. Si un meteorito gigante cayese en el mar, también provocaría un tsunami.

¿Qué pasa en alta mar?

En alta mar las olas del tsunami no son muy altas. Solo son realmente grandes cuando llegan cerca de la costa, donde el mar es menos profundo. Un barco que navegue lejos de la tierra prácticamente no nota los efectos del tsunami.

¿Dónde se forman los tsunamis?

Un tsunami puede nacer en todos los océanos del planeta, incluso en el Mediterráneo, porque está situado en una zona sísmica. Como las olas se propagan en todas direcciones, todos los litorales pueden resultar afectados. El tsunami de 2004 afectó a ocho países de Asia y África.

Algunos ejemplos de tsunamis

La ola más espectacular se registró en 1883 en Indonesia: ¡35 metros de altura! En 1960 un seísmo de una magnitud de 9,1 en la escala de Richter provocó un tsunami que afectó a Chile, Japón y Hawai, tres regiones separadas por miles de kilómetros. El tsunami más mortífero fue el de Sumatra en 2004, con 300 000 víctimas.

El tsunami de Sumatra

— Costas afectadas por el tsunami

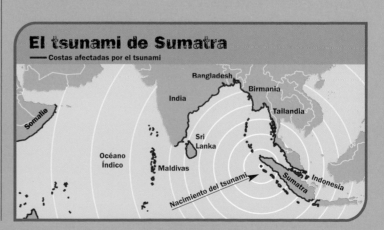

Bangladesh
Birmania
India
Tailandia
Somalia
Sri Lanka
Océano Índico
Maldivas
Indonesia
Sumatra
Nacimiento del tsunami

Para combatir la cólera de la Tierra

Eruciones volcánicas, terremotos, tsunamis... la cólera de la Tierra representa un auténtico peligro para la humanidad. Para limitar los riesgos, los científicos controlan las zonas amenazadas, construyen protecciones y montan dispositivos de alerta.

Los volcanes, una gran amenaza

Hay cientos de volcanes que pueden entrar en erupción. Es una amenaza que hay que tomarse en serio: las erupciones provocan la muerte de unas 1 000 personas al año. Es importante estudiar muy atentamente los volcanes para comprender su funcionamiento y prever sus peligros.

La intervención de los vulcanólogos

Antes de la erupción, unos científicos llamados vulcanólogos estudian el ascenso de la lava por la chimenea. El magma es aún invisible a simple vista, pero los sofisticados aparatos instalados en las laderas del volcán permiten saber que la lava no tardará en salir.

En Japón, diques de hormigón desvían las coladas de lava.

Un volcán bajo vigilancia

El **TERMOPAR** mide la temperatura del gas. Un aumento indicaría que los gases pueden haberse calentado por un ascenso del magma.

El **OBSERVATORIO**

La **BALIZA GPS** está conectada con satélites que indican su posición exacta. De esta forma, el vulcanólogo puede saber si el suelo se mueve, aunque solo sea unos centímetros.

Los **PANELES SOLARES** proporcionan electricidad a los aparatos de medida.

Los vulcanólogos toman **MUESTRAS DE LOS GASES** que se escapan por las grietas del volcán.

La **ANTENA DE RADIO** transmite las lecturas de cada aparato al observatorio.

El **FISURÍMETRO** mide la anchura de la fisura.

El **SISMÓMETRO** mide las vibraciones del suelo debidas al ascenso del magma.

La **SONDA DE RADIO** detecta la presencia de gases volcánicos que anuncian la llegada del magma.

El **CLINÓMETRO** mide la pendiente del volcán. Si el terreno se levanta unos centímetros, significa que el magma está subiendo hacia la superficie.

Tras una catástrofe, es fundamental la organización de los equipos de rescate.

Prevenir, proteger y socorrer

Para reducir el número de víctimas, hay que actuar lo más rápidamente posible. Así, cuando se prepara una erupción volcánica, se avisa en seguida a la población y se pide que todo el mundo se ponga en un lugar seguro. Tras la catástrofe, corresponde a los equipos de rescate intervenir. Deben actuar rápidamente para salvar el máximo de vidas posible.

Los terremotos, peligros imprevisibles

Es completamente imposible prever los terremotos. Esto hace muy difícil disponer de medidas de protección. El seísmo de Kobe, en 1995, lo demuestra: pese a un buen conocimiento del subsuelo y unas impresionantes medidas de seguridad, Japón no pudo evitar la catástrofe.

En las laderas del volcán Tokachi, en Japón, se ha construido una barrera de tubos de acero para retener los bloques de piedra y los árboles arrastrados por las coladas.

Las construcciones antisísmicas

Una de las medidas que permite limitar los riesgos es la construcción de edificios antisísmicos. Se trata de inmuebles capaces de adaptarse a los movimientos del terreno, lo bastante resistentes para no hundirse. Pero estas construcciones son escasas, pues su precio es más elevado que el de los edificios normales.

La alerta de tsunamis

Cuando se produce el tsunami, hay que prevenir rápidamente a las poblaciones. En el Pacífico, un dispositivo de alerta con base en Hawai actúa desde 1948. Recoge las informaciones transmitidas constantemente por una red de estaciones en la tierra y en el mar. Gracias a sensores situados en el fondo del océano, las balizas detectan los movimientos oceánicos y los seísmos. Estos aparatos se llaman tsunamímetros. En caso de peligro, se envía una señal de alerta a los países ribereños del Pacífico.

En Japón se han construido escolleras para romper las olas de los tsunamis.

Para prever la cólera del cielo: la meteorología

La meteorología es el estudio del tiempo que hace y que hará los próximos días. Se basa en la observación de la temperatura, de la humedad, del aire o del viento. Es una ciencia muy compleja, que no sirve únicamente para preparar las vacaciones o saber cómo tenemos que vestirnos.

¿De qué depende el tiempo?

La temperatura del aire, la dirección del viento, su velocidad, el tipo de nubes, la lluvia, la nieve y la niebla actúan sobre el tiempo. El peso del aire, o presión atmosférica, es también un elemento importante. Existen masas de aire más pesadas (anticiclones) y otras más ligeras (borrascas). Los vientos circulan desde las masas de aire más pesadas hacia las más ligeras.

Las estaciones meteorológicas

Para prever el tiempo que va a hacer hay que conocer... el tiempo que hace. En tierra y en el mar, estaciones meteorológicas instaladas en todo el mundo miden con precisión todo cuanto puede afectar al tiempo.

Los mapas meteorológicos realizados por los ingenieros meteorólogos son mucho más complicados que los que vemos en televisión.

Los mapas meteorológicos

Los datos obtenidos por las estaciones meteorológicas se transmiten a los grandes centros meteorológicos. Allí, potentes ordenadores los analizan y dibujan mapas que indican el tiempo que ha hecho durante el día. Después, los especialistas calculan las posibles evoluciones para prever el tiempo que hará los días siguientes.

A 36 000 km de altura, los satélites observan la atmósfera de nuestro planeta. Sus cámaras registran la posición de las nubes cada media hora.

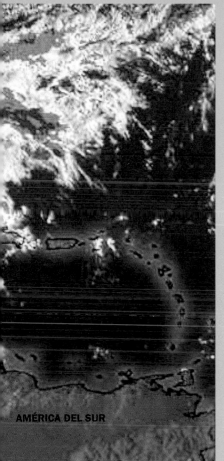

El observatorio meteorológico del monte Aigoual, en Francia, está situado a 1 567 metros de altitud.

¿Qué tiempo va a hacer?

Todo el mundo se hace esta pregunta por la mañana, antes de vestirse. Pero las previsiones meteorológicas tienen otras funciones mucho más importantes. Los camioneros, por ejemplo, tienen que saber si hay peligro de hielo, los pilotos de avión necesitan conocer los avisos de tormenta. La meteorología ayuda también a los agricultores a gestionar el agua...

Las alertas de mal tiempo

Las previsiones meteorológicas pueden salvar vidas. Son fundamentales para prevenir a la población en caso de inundaciones, de tormentas, de olas de calor, de ciclones... Se utilizan también para anunciar los picos de contaminación.

Los globos sonda suben a 30 km de altura. Durante su ascensión registran y emiten sus mediciones de presión atmosférica, temperatura y humedad del aire.

En todos los océanos hay barcos que envían todos los días a los centros meteorológicos los datos que toman en el mar.

Las boyas meteorológicas están repartidas por todos los océanos. Transmiten automáticamente sus informaciones a los centros meteorológicos.

AMÉRICA DEL SUR

Este mapa meteorológico muestra un ciclón sobre América Central.

Las previsiones no siempre son fiables

La cantidad de elementos que permiten realizar una previsión meteorológica es muy grande. A veces, las previsiones se equivocan. Por eso la meteorología no es una «ciencia exacta». Con la mejora de las técnicas, actualmente es posible prever a grandes rasgos las tendencias del tiempo a siete días vista. Pero, a partir de tres días, el riesgo de equivocarse aumenta considerablemente.

Las estaciones meteorológicas automáticas también transmiten sus datos a los diferentes centros.

Los ciclones: tormentas gigantes

En Estados Unidos se les llama huracanes; en Asia, tifones; en Australia, willy-willies... Independientemente de su nombre, los ciclones siembran el terror a su paso. Cada año, estas gigantescas tormentas tropicales causan el doble de víctimas que los terremotos.

Monstruos de energía

Los ciclones solo pueden formarse sobre los mares cálidos. Cuando la temperatura del agua supera los 26 °C, se produce una fuerte evaporación. El aire caliente, muy húmedo y ligero, se eleva. Forma una enorme masa de aire que se desplaza. Los ciclones pueden llegar a medir 1 000 km de diámetro, ¡la superficie de España!

Siempre en los mismos lugares

Cada año se forman por término medio unas ciento veinte borrascas tropicales. Las más violentas son ciclones; las más numerosas nacen en el océano Pacífico y llegan hasta Japón y China; otras nacen en el Atlántico, frente a las costas del Senegal y llegan hasta las Antillas y Florida.

Daños considerables

Los ciclones son los fenómenos meteorológicos más peligrosos. Entre 1960 y 1992 causaron 900 000 víctimas. Algunos son muy devastadores a causa de los vientos, que pueden llegar a más de 200 km/h. Otros provocan graves daños materiales y humanos a causa de las fuertes lluvias, que provocan inundaciones.

¿Cómo funciona un ciclón?

La **BANDA ESPIRAL** es la parte exterior del ciclón. Sus nubes están a 500 km del ojo del ciclón. Provocan fuertes lluvias.

Los vientos más fuertes soplan en la **ZONA DE VIENTOS CICLÓNICOS**. Su velocidad a veces llega a los 300 km/h. A nivel del suelo pueden arrancar tejados y árboles y levantar coches. En esta situación nadie puede salir de casa.

Los vientos del ciclón levantan la **MAREJADA CICLÓNICA**. Pueden producirse olas gigantes de hasta 1 000 km alrededor del ciclón durante varios días.

EL BORDE DEL CICLÓN está formado por nubes de tormenta, los cumulonimbos. Bajo las nubes, el viento sopla a más de 120 km/h.

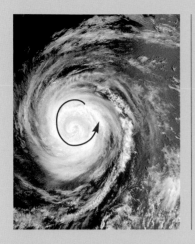

En esta foto tomada desde un satélite se representa la cima de un ciclón.

En la imagen no se ve, pero un ciclón puede medir hasta 15 km de altura.

Un ciclón gira sobre sí mismo como una peonza. Este giro se debe a la rotación terrestre, es decir, al hecho de que la Tierra gira sobre sí misma. En la imagen, la flecha rosa en el centro del ciclón indica el sentido de rotación del viento en su interior: un ciclón gira sobre sí mismo en el sentido contrario al de las agujas del reloj.

La trayectoria de los ciclones

Los ciclones se forman en una banda de más o menos 1 000 km alrededor del ecuador. Se desplazan de este a oeste, sobre el mar, a una velocidad aproximada de 30 km/día.

El OJO DEL CICLÓN es una zona sin viento y con pocas nubes. Su diámetro aproximado es de 50 km. Allí todo está en calma. Pero, como el ciclón se desplaza, en una hora o dos las lluvias y los vientos llegarán hasta aquí.

Este muro de nubes rodea el ojo del ciclón. Bajo estas nubes es donde más llueve. Delimitan la ZONA DE LLUVIAS TORRENCIALES. ¡En tierra pueden caer hasta 1,5 metros de agua en 24 horas!

Los gigantescos movimientos de aire caliente que se eleva aumentan el nivel del océano entre 6 y 7 metros. La MAREA CICLÓNICA, agitada por olas gigantes, provoca numerosos naufragios. Cuando llega a las costas causa inundaciones.

El motor de aire   del ciclón

El aire frío y seco, situado a mucha altura, baja por el ojo del ciclón. Ocupa el lugar del aire caliente.

El aire caliente sube. Contiene mucho vapor a causa de la evaporación del agua en la superficie del océano.

Los tornados: violentos remolinos

Los tornados son remolinos que se extienden desde la base de las nubes hasta el suelo. Se forman muy deprisa y son de una violencia extraordinaria. La velocidad de los vientos puede superar los 400 km/h.

El paso del tornado

La NUBE DE TORMENTA, el cumulonimbo, es una enorme nube de 1500 metros de altura y de varios kilómetros de ancho.

Corriente de aire caliente

Corriente de aire frío

En una franja de 150 metros de ancho, por donde pasa la manga, todo queda devastado. Los tornados más destructivos llegan a los 2 km de ancho.

Corriente de aire frío

La MANGA es la parte visible del remolino que se forma en el cumulonimbo.

Los tornados se clasifican de F0 a F5, según los daños. Un tornado F3 puede llevarse volando a una vaca.

¿Ciclón o tornado?

No hay que confundir los tornados y los ciclones. Un ciclón es una enorme tormenta tropical que se forma sobre el océano. El tornado es un remolino que se crea durante una tormenta. Es mil veces más pequeño que un ciclón. La columna del tornado mide 100 metros de ancho. Un ciclón puede llegar a los 1 000 km de diámetro.

15 000 m
La CÚPULA es la joroba que corona la nube. Está formada por aire caliente.

12 000 m
El aire caliente se expande entre los 12 000 y los 15 000 m de altura. Es el YUNQUE.

2 000 m
El MURO es la base negra del cumulonimbo.

La LLUVIA enfría el aire.

Justo al lado, todo está intacto, como si nada hubiese pasado.

En el suelo, la manga actúa como un aspirador gigante que lo destruye todo.

El encuentro frío-calor
Un tornado se desarrolla durante una tormenta, cuando el aire húmedo y caliente se levanta muy rápidamente del suelo formando una espiral y encuentra aire frío y seco en la atmósfera. Los tornados son frecuentes en las grandes llanuras de Estados Unidos, donde ocasionan decenas de víctimas al año. En España también se producen tornados de variada intensidad ocasionalmente.

Fenómenos violentos
La mayoría de los tornados sólo dura unos minutos. En el suelo, destruyen una franja de 150 m de ancho. Se desplazan a gran velocidad. Nada resiste a su paso: la vegetación y las casas pueden resultar destruidas.

Demasiada agua: las inundaciones

Las inundaciones son fenómenos climáticos muy peligrosos. Pocas regiones se libran de ellas. Cada año una parte del sudeste asiático y de la India permanece inundada durante cuatro meses, cuando llega el temido y esperado monzón.

Las lluvias abundantes

La mayoría de las veces las inundaciones se producen tras fuertes lluvias. En las regiones tropicales estas lluvias pueden ser causadas por los ciclones.
En el sudeste asiático y la India, a partir del mes de mayo, masas de aire cargadas de humedad provocan fuertes lluvias. Es el monzón. Finalmente, en las regiones mediterráneas, las lluvias de otoño pueden resultar devastadoras.

El papel de los ríos y del mar

Las lluvias provocan el desbordamiento de los ríos, que salen del cauce e inundan las regiones bajas que hay cerca. En las costas un ciclón puede provocar inundaciones cuando se produce la marea ciclónica. Esta, en efecto, genera olas gigantes que rompen en la costa.

Consecuencias dramáticas

Las inundaciones son extremadamente peligrosas para la población. En noviembre de 1970 300 000 personas murieron en Bangladesh y la India a causa de la subida de las aguas tras el paso de un ciclón. Los otros tipos de inundaciones también causan víctimas.

Cada año, a partir de mayo o junio, durante cuatro meses caen grandes trombas de agua sobre el sudeste asiático y la India. Es el monzón.

El torrente urbano

En las ciudades, las inundaciones de los cursos de agua se ven agravadas por la impermeabilización del suelo. A causa de las carreteras, los edificios, los aparcamientos, el agua que cae no se filtra en el suelo y se incorpora muy rápidamente al curso de agua.

En las regiones mediterráneas, las inundaciones se producen en otoño. Aquí, las crecidas del Ródano en Pont-Saint-Esprit, al sur de Francia.

La falta de agua

Si en algunas regiones se producen inundaciones, otras, sin embargo, tienen estaciones en las que las lluvias son muy escasas. La sequía provoca la muerte de ciertas plantas y de los cursos de agua. Los terrenos arcillosos se cuartean, cosa que afecta a los edificios.

¿Lenta o rápida?

Los grandes ríos tardan días en desbordarse. En las regiones mediterráneas o en la montaña, las inundaciones ocurren muy rápidamente, en poco tiempo. Son, por lo tanto, muy peligrosas.

Barros fértiles

A pesar de los peligros que suponen, las inundaciones a veces son esperadas con impaciencia por las personas. A las orillas de los ríos Nilo, Níger o Mississipi la subida de las aguas aporta un barro fértil que beneficia la producción agrícola. Es el limo.

El deshielo de los ríos puede provocar inundaciones.

Inundaciones de deshielo

Los ríos de Siberia, como el Ob o el Lena, corren de sur a norte. Desembocan en el océano Ártico. En invierno se hielan. Pero en primavera se funde antes el hielo de la cabecera. Más al norte los ríos siguen helados. Esto impide que el agua corra hacia el mar. Se producen entonces grandes inundaciones debidas a la fusión del hielo y la nieve.

Las orillas del Nilo se cultivan gracias al barro que depositan las inundaciones.

Hacer frente a los riesgos meteorológicos

Nada o casi nada puede resistir los ciclones, los tornados o las inundaciones.
Para limitar las consecuencias de estas catástrofes, solo podemos acondicionar lo mejor posible las zonas de riesgo, vigilar el tiempo... o, simplemente, huir.

Los aviones cazadores de ciclones

Los ciclones pueden ser tan violentos que resulta difícil tomar medidas de protección. La mejor manera de salvar vidas es prevenir la catástrofe. En 1944 un avión penetró por vez primera en el ojo de un ciclón. Posteriormente se han formado patrullas de reconocimiento aéreo. Sus misiones son peligrosas, pero útiles: permiten conocer mejor el ciclón para prever su fuerza.

Vigilancia vía satélite

Además de los aviones, los científicos disponen de satélites de vigilancia. Estos detectan el ciclón desde el momento de su formación, siguen su trayectoria y tratan de predecir el lugar preciso por donde pasará. Permiten avisar a la población mediante mensajes de alerta.

En caso de alerta

La población sabe con antelación lo que tiene que hacer. Si el riesgo es muy importante, es evacuada tierra adentro. Si no, todo el mundo tiene que encerrarse en casa. Estas tormentas suelen causar más víctimas en los países pobres, donde los edificios son menos sólidos.

Septiembre de 2005. Katrina, un ciclón muy potente, devastó la ciudad de Nueva Orleáns, en Estados Unidos. La catástrofe causó 1 350 víctimas.

Protegerse de los ciclones

❶ Durante la temporada de los ciclones: almacenar agua potable y comida. Disponer de materiales para proteger la casa. Localizar dónde se encuentran los refugios oficiales y las carreteras seguras.

❷ En caso de peligro: escuchar los boletines meteorológicos de la radio o la televisión. Llenar de gasolina el depósito del coche. Comprar pilas eléctricas y material de primeros auxilios.

¿Qué hacer en caso de tornado?
Los tornados son tan imprevisibles que resulta difícil protegerse de ellos. En las regiones americanas donde son numerosos se han construido refugios. Si no da tiempo de llegar a uno, lo único que se puede hacer es tirarse al suelo.

Durante una riada en España, los diques se reforzaron con sacos de arena para limitar la inundación.

Diques y presas: protección contra las inundaciones
Las personas se protegen de las inundaciones construyendo diques y presas, que permiten almacenar parte del agua de la lluvia.
Pero estas instalaciones no siempre son eficaces. Los diques pueden quedar sumergidos o ceder bajo la presión del agua.

Zonas de riesgo
Actualmente se evita construir casas, escuelas o centros comerciales en sectores inundables. Por desgracia, muchas zonas de riesgo ya están edificadas.

Para prever las riadas se mide el nivel del agua de los ríos.

Las riadas de París
En 1910, el Sena se desbordó y París quedó parcialmente inundado. La ciudad quedó paralizada por la catástrofe, los medios de transporte quedaron cortados... Actualmente se prevén las medidas que hay que tomar si eso volviese a suceder, especialmente para proteger las obras de arte de los museos.

❸ Cuando se ha dado la alarma: bajar las persianas, guardar los objetos que puedan salir volando, como los cubos de basura. Permanecer a cubierto escuchando los boletines meteorológicos.

❹ En caso de evacuación: dirigirse lo más rápidamente posible a un refugio oficial siguiendo las instrucciones dadas por las autoridades. Mantenerse agrupados con los familiares y amigos.

❺ Tras el paso del ciclón: no salir hasta que la zona haya sido declarada fuera de peligro. Ir con cuidado con las carreteras cortadas. No beber agua corriente hasta que no la declaren potable.

Y además...

OLYMPUS, EL REY DE LOS VOLCANES

En Marte existe un volcán gigantesco llamado Olympus. Mide 600 km de diámetro y 30 000 metros de alto, casi cuatro veces el Everest. Si lo trajésemos a la Tierra, podría cubrir casi toda España.

LAS PRIMERAS CONSTRUCCIONES ANTISÍSMICAS

Los terremotos preocupan desde hace mucho tiempo a las personas.

Hace 3 000 años, los minoicos, habitantes de Creta, una isla al sur de Grecia, ya construían sus monumentos siguiendo métodos antisísmicos.

ERUPCIÓN VOLCÁNICA EN EL MEDITERRÁNEO

Santorín es una isla volcánica del mar Egeo, frente a Grecia. Hacia el año 1600 a.C., sufrió una violenta erupción volcánica que modificó considerablemente la isla y el islote vecino de Thirasia. Provocó asimismo un tsunami que barrió todo el Mediterráneo.

LOS GÉISERES, SURTIDORES DE AGUA

Los géiseres son columnas de agua y vapor que se elevan en el aire de forma intermitente. El fenómeno está relacionado con la actividad volcánica de la corteza terrestre. En la Tierra, hay unos 400 géiseres.

UN INVITADO SORPRESA

En febrero de 1943, Dionisio Pulido, un campesino mexicano, estaba arando tranquilamente su campo de maíz. De repente, vio surgir a su lado... ¡lava! Un volcán, el Paricutín, se estaba empezando a formar. Actualmente, tiene 400 metros de altura.

BAÑOS DE BARRO EN JAPÓN

En Japón es posible enterrarse en arena y barro calentados por la actividad volcánica subterránea. ¡Es muy bueno para la piel!

LOS ALUDES Se desencadenan en la montaña cuando la nieve ha ido cayendo en varias etapas.
❶ El manto de nieve está formado por varias capas. ❷ Una cresta de nieve se desprende.
❸ Al caer, rompe una capa de nieve, que resbala: es el inicio del alud.

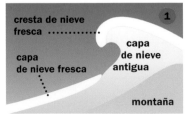

EL NIÑO

Una corriente oceánica caliente, llamada «El Niño» (por el niño Jesús), aparece a lo largo de las costas de Ecuador y Perú por Navidad y desaparece unos meses más tarde.

Durante ese período cálido, hay menos peces y las lluvias son intensas.

CONSTRUCCIONES SOBRE PUNTALES

En las zonas inundables, a la orilla del mar o de un lago, las casas a veces están construidas sobre puntales, generalmente de madera, clavados en el suelo. Estos puntales permiten estabilizar los cimientos de las casas y evitar que se mojen si el nivel del agua sube.

MAAR

Un maar es un cráter volcánico en cuyo interior se ha formado un lago.

EL RAYO

El rayo es una enorme descarga eléctrica en el cielo. Se forma en el corazón de las nubes cuando estalla una tormenta.
Cuando cae hacia el suelo provoca un destello, el relámpago, y una violenta detonación, el trueno. El rayo es peligroso porque su temperatura es muy elevada.

LOS NOMBRES DE LOS CICLONES

Hasta principios del siglo xx los ciclones llevaban el nombre del santo patrón del día de su paso por las Antillas.
Los marinos americanos les dieron después nombres femeninos. Desde 1979, los ciclones llevan nombre de varón y de mujer, elegidos por orden alfabético según unas listas preestablecidas.

EL MEDITERRÁNEO SE CIERRA

Dentro de millones de años, las placas africana y eurasiática se encontrarán. El estrecho de Gibraltar se cerrará y el mar se secará.

EL SUELO CALIENTE DE LAS AZORES

En las islas Azores, frente a las costas de Marruecos, la actividad volcánica es intensa. ¡En algunos lugares el suelo es tan caliente que puede freírse un huevo cascándolo en el suelo!

PASIÓN POR LOS VOLCANES

Durante veinte años, los vulcanólogos Maurice y Katia Krafft estuvieron estudiando los volcanes más grandes del mundo. Publicaron decenas de libros y películas. Murieron en 1991, sorprendidos por la erupción de un volcán en Japón.

ACQUA ALTA EN VENECIA

Venecia, sus canales, su laguna... y sus inundaciones. En algunas ocasiones, el nivel de las aguas sube a causa de los vientos y las mareas. En poco tiempo la ciudad queda inundada. Venecia, una de las joyas de Europa, es también una de sus ciudades más vulnerables.

Los recursos de la Tierra

El planeta azul

Vista desde el espacio, la Tierra parece un planeta azul. Esto se debe a que el 70 % de su superficie está cubierta de agua. En estado líquido, sólido y gaseoso, el agua circula constantemente entre la tierra firme, los océanos y el cielo. Es el ciclo del agua, indispensable para la vida.

¡Agua, agua, agua!

En la Tierra el volumen de agua es de unos 1 400 millones de km³. Los océanos y los mares ocupan el 97,5 % del agua presente en el planeta. Los lagos y los ríos sólo representan el 0,01 % de la cantidad de agua total en la Tierra.

Hielo y vapor de agua

Cuando la temperatura desciende por debajo de 0 °C, el agua se congela: se vuelve sólida. En las regiones frías, en alta montaña y en los polos, se encuentra agua en forma de hielo. Esta reserva es muy importante: representa el 2 % del volumen total de agua de la Tierra. Además, en la atmósfera también hay agua. Se presenta en forma de vapor o de gotitas diminutas.

Las aguas subterráneas

Bajo nuestros pies también se esconde una gran cantidad de agua. Al contrario de lo que podría pensarse, estos acuíferos no son grandes lagos. De hecho, el agua está contenida en la roca o en la arena, como si fuera una esponja. Esta reserva de agua es la tercera en importancia, después de los mares y del hielo. Representa el 0,6 % del agua de la Tierra.

Los océanos Pacífico, Atlántico, Índico, Ártico y Antártico constituyen los principales depósitos de agua del planeta. ¡Pero es agua salada!

El ciclo del agua

3 El vapor de agua se disipa en la atmósfera, donde, por condensación, se agrupa en pequeñas gotitas que forman las nubes.

2 A causa del calor, las hojas de las plantas transpiran y liberan vapor que se escapa a la atmósfera.

1 El Sol calienta los océanos y hace que el agua se evapore.

Los hielos del Polo Sur y de Groenlandia, la niebla, formada por gotitas de agua dulce suspendidas en el aire, los lagos, los ríos y los acuíferos subterráneos constituyen las reservas de agua dulce del planeta.

El ciclo del agua

Constantemente se producen intercambios entre los distintos depósitos de agua, gracias a la acción del Sol, que permite la evaporación. Es el ciclo del agua. Una misma cantidad de agua circula sin parar entre los lagos, los ríos, los océanos, las nubes, los glaciares... En un año, el 65% de las precipitaciones se evaporan, el 24% fluyen y el 11% se infiltran. Sin estos cambios continuos, la vida en la Tierra no sería posible.

La «esperanza de vida» de una gota de agua

A través del ciclo del agua se renuevan continuamente todos los depósitos de forma más o menos rápida. Por término medio, una gota de agua permanece 2 500 años en el océano antes de evaporarse. En algunos acuíferos subterráneos, como los de Argelia o Egipto, una gota puede quedar atrapada ¡durante 6 000 años! En cambio en un río tarda unos 16 días en llegar al mar.

5 Una parte de estas precipitaciones queda almacenada en tierra firme en forma de nieve, de hielo o de agua en los lagos y en los seres vivos (plantas, animales).

4 Estas gotitas pueden agruparse, aumentar su tamaño y caer sobre la Tierra. Son las precipitaciones: lluvia, nieve, granizo...

6 Otra parte fluye y da lugar a los ríos, que van a parar al mar.

7 Otra parte de estas precipitaciones es la que utiliza la vegetación para desarrollarse.

8 El agua también puede infiltrarse en el suelo y en la roca, alimentando los acuíferos subterráneos.

El tesoro del agua dulce

En la Tierra existe una gran cantidad de agua. Es uno de los recursos más abundantes, aunque solo se puede aprovechar una mínima parte. Hay que vigilar, porque utilizamos mucha, ¡y no sólo para beber!

El agua dulce, un bien preciado
El 97,5 % del agua de nuestro planeta es salada. Así pues, solo el 2,5 % de las reservas está formado por agua apta para nuestro consumo. Además, no podemos usar todos los tipos de depósitos de agua dulce. El volumen de agua dulce disponible para compartir es de 9 millones de km³.

¡Reservas limitadas de agua dulce!

76,6 % en los glaciares

23,05 % en los acuíferos subterráneos

0,3 % en los lagos y los ríos

0,04 % en el aire

0,01 % en los seres vivos

Potabilizar el agua

La estación de captación bombea el agua subterránea.

La estación de bombeo aspira el agua de los ríos.

1 **LA PLANTA DE TRATAMIENTO** sirve para «lavar» el agua dulce natural. El agua circula por los diferentes estanques: los primeros retienen los residuos grandes, los siguientes eliminan las partículas y los microbios, y luego mejoran el sabor y el color del agua.

La torre de agua, que almacena el agua potable, se encuentra en un lugar elevado. Así, el agua puede bajar hacia las casas.

Las canalizaciones se vigilan para asegurarse de que no se desarrolla ningún microbio.

El agua potable llega a la casa. Puede usarse para beber, para lavarse, para arrancar la lavadora...

Gracias a la irrigación, los agricultores obtienen mejores cosechas.

Agua potable: agua dulce limpia

Al contrario de lo que suele pensarse, el agua dulce natural no siempre es potable. Puede contener microbios, pero también abonos o pesticidas, perjudiciales para nuestra salud. Las aguas minerales, que son aguas subterráneas cargadas de magnesio, calcio y potasio, también pueden estar contaminadas.
Por eso se analizan regularmente.

2 LA ESTACIÓN DEPURADORA limpia las aguas residuales recogidas por el alcantarillado. Una serie de estanques permiten quitarles la arena, las partículas, las grasas y los microbios. Los residuos se evacuan con camiones. Una vez limpia, el agua puede devolverse al río.

Un bidón colocado bajo el bajante de desagüe recupera el agua de lluvia que servirá para regar el jardín.

La agricultura, ¡menuda glotona!

Quien más agua consume es la agricultura: ¡utiliza el 70 % del agua dulce disponible! De media, hacen falta 2,5 litros de agua para cultivar una lechuga, y 74 litros para un pie de maíz. ¡Y en verano un cerezo necesita 38 litros al día! Los diferentes sistemas de irrigación se han desarrollado mucho en el transcurso del siglo XX. La irrigación está extendida en numerosas regiones, allí donde llueve pero también en zonas áridas: así, en Arabia Saudita, en medio del desierto, pueden verse grandes campos de cultivo.

El agua también es muy útil para el transporte.

La industria, gran consumidora

La industria utiliza alrededor del 20 % del agua dulce disponible. En las fábricas, el agua sirve, por ejemplo, para enfriar las máquinas, para elaborar ciertos productos, para lavar depósitos...

El uso doméstico

Beber, lavarnos, hacer la colada o fregar los platos, regar las plantas... ¡necesitamos agua continuamente! También la utilizamos para el ocio, cuando vamos a la piscina, por ejemplo. Todo eso representa el 10 % del agua dulce consumida.

Cuando falta el agua

En la Tierra hay agua suficiente para satisfacer las necesidades de todo el mundo, pero está repartida de forma desigual. En algunas regiones hay grandes problemas para abastecerse. Y en otras se consume como si fuese un recurso inagotable.

Los sistemas de abastecimiento

2 300 millones de personas viven en regiones en las que muchas veces falta el agua.

Hay que pensar formas de conseguirla. En Oriente Medio se desala agua del mar; en el Sahara se bombea agua de grandes acuíferos subterráneos; en Namibia, al sur de África, y en los Andes, en América del Sur, se recupera el agua contenida en el aire.

¡Se han llegado a imaginar las soluciones más audaces!

Las redes para niebla de Namibia

En Namibia los científicos han ideado redes para niebla, para captar el agua.

Cuando el agua atraviesa las redes, se forman gotitas de agua en las mallas.

Estas gotitas caen en unos canalones desde donde pasan a bidones.

Consumos desiguales

En un siglo el consumo de agua en el mundo se ha multiplicado por ocho, mientras que el de la población solo lo ha hecho por tres.

Los máximos consumidores son los países desarrollados: un americano consume una media de 700 litros de agua al día y un europeo, 300. En el extremo opuesto, muchos africanos no tienen acceso a más de 10 litros al día.

Agua potable: un coste elevado

Hay más de mil millones de personas que no tienen acceso al agua potable. Eso no siempre se debe a la insuficiencia del recurso. En algunos casos sí que hay agua, pero no es ni tratada ni transportada hasta la población porque las infraestructuras son muy caras.

Una riqueza contaminada...

Más de tres mil millones de personas, es decir, la mitad de la población mundial, no disponen de agua sana. Los orígenes de la contaminación son diversos: vertido de sustancias tóxicas o de agua sucia en los cursos del agua, utilización de productos químicos en la agricultura...

... que es necesario preservar

Debemos ahorrar agua y protegerla de la contaminación para que todo el mundo pueda tener la suficiente cantidad de agua limpia. En la vida diaria, en los sectores agrícola e industrial, existen medidas que hay que respetar.

Contra el despilfarro y la contaminación del agua: ¡actuemos!

Ducharnos en vez de bañarnos, cerrar el grifo cuando nos cepillamos los dientes, no encender la lavadora hasta que esté llena...

Reciclar las aguas domésticas e industriales: no vertir productos tóxicos en los ríos, equipar las ciudades con depuradoras...

En el sector agrícola: desarrollar sistemas modernos de goteo para la irrigación, reducir la utilización de abonos...

Las plantas desaladoras transforman el agua salada en agua dulce. Pero su construcción y mantenimiento son muy caros.

La tierra que alimenta

Nunca han existido tantas personas en la Tierra. Hemos pasado de mil millones en 1800 a dos mil millones en 1930, y... ¡6500 millones hoy! Nuestro planeta, cultivado por el ser humano, tiene recursos suficientes para alimentar a todo el mundo.

La agricultura, una vieja historia

Durante mucho tiempo, el ser humano cazó, pescó y recolectó para alimentarse. Más adelante, hace unos 10 000 años, inventaron la agricultura y la ganadería. Los primeros recipientes de cerámica les servían para almacenar reservas.

Una agricultura ultramoderna

A partir del siglo XIX, las técnicas de cultivo y de cría de ganado evolucionaron. Hoy se utilizan abonos y maquinaria, se irrigan los campos y se seleccionan las semillas. Gracias a la técnica, el trabajo de un agricultor permite alimentar a 300 personas y satisfacer las necesidades de la población.

Nuestros recursos alimentarios

El océano produce 240 millones de toneladas de pescado al año.

el **12%** de las tierras están cultivadas.

el **24%** de las tierras se dedica al pastoreo.

Campo de maíz en España. El maíz es el cereal más cultivado, por delante del arroz y del trigo.

El trigo, muy extendido en Europa, se cultiva principalmente en China, la India y Estados Unidos. Se utiliza para preparar pan y pasta.

La cebada sirve sobre todo para alimentar el ganado y fabricar cerveza.

El mijo se cultiva en zonas secas, sobre todo en África. Se consume en forma de tortas y gachas.

El maíz es una planta tropical introducida en Europa en el siglo XVI. Es rico en almidón, y consumido tanto por las personas como por el ganado.

La avena se utiliza principalmente en la alimentación animal.

El arroz es muy importante en Asia y África. Existen 200 variedades distintas.

Los cereales

El cultivo de cereales es esencial en todo el mundo para la alimentación. Estados Unidos produce 330 millones de toneladas; Europa, 265 millones. El trigo, el arroz y el maíz son la base de la alimentación en casi todos los países.

La ganadería

Las aportaciones de la ganadería en la alimentación son numerosas: carne, leche, huevos... La ganadería se concentra principalmente en las vacas, las ovejas, los pollos y los cerdos. También se crían cada vez más peces. La ganadería también se practica para obtener cuero o lana. En algunos países se utiliza también la fuerza de trabajo de bueyes o caballos.

Las ovejas se crían para obtener carne, lana y piel.

El hambre todavía existe

Durante siglos, los episodios de hambre estuvieron relacionados con problemas de producción agrícola. Esto ya no sucede, ya que las técnicas modernas permiten enfrentarse a las sequías y las plagas. Si todavía existe el hambre es, sobre todo, a causa de las guerras y de la mala distribución de los alimentos. Todos los días mueren 16 000 niños a causa de enfermedades relacionadas con la desnutrición.

El mar que alimenta

Los océanos son una auténtica despensa. Albergan numerosas especies animales y vegetales que representan importantes recursos para nuestra alimentación. Pero las técnicas de pesca, que han llegado a ser muy eficientes, amenazan con empobrecer el medio marino.

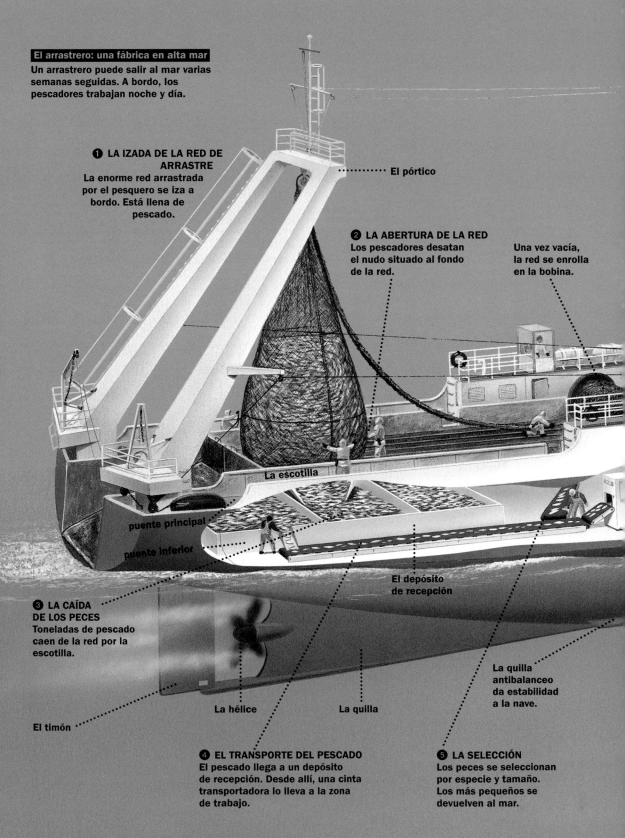

El arrastrero: una fábrica en alta mar
Un arrastrero puede salir al mar varias semanas seguidas. A bordo, los pescadores trabajan noche y día.

❶ LA IZADA DE LA RED DE ARRASTRE
La enorme red arrastrada por el pesquero se iza a bordo. Está llena de pescado.

El pórtico

❷ LA ABERTURA DE LA RED
Los pescadores desatan el nudo situado al fondo de la red.

Una vez vacía, la red se enrolla en la bobina.

La escotilla

puente principal

puente inferior

El depósito de recepción

❸ LA CAÍDA DE LOS PECES
Toneladas de pescado caen de la red por la escotilla.

La quilla antibalanceo da estabilidad a la nave.

La hélice   La quilla

El timón

❹ EL TRANSPORTE DEL PESCADO
El pescado llega a un depósito de recepción. Desde allí, una cinta transportadora lo lleva a la zona de trabajo.

❺ LA SELECCIÓN
Los peces se seleccionan por especie y tamaño. Los más pequeños se devuelven al mar.

Algas y pescado

Los principales países pesqueros son China, Perú y Japón. Las especies más pescadas son la anchoa, la merluza, el arenque y los distintos tipos de bacalao. También se recogen cerca de 2 millones de toneladas de algas, usadas en las industrias alimentaria y farmacéutica.

Una vida salvaje amenazada

Siempre se ha creído que el océano era una reserva inagotable de alimentos. Pero hoy día, los científicos consideran que la mayoría de especies de peces se están pescando de forma excesiva. Pescar a este ritmo puede poner en peligro algunas especies.

Piscicultura viento en popa

Aproximadamente la tercera parte del pescado que consumimos no procede del mar ni de los ríos. Algunas especies, como el salmón o la dorada, o muchos moluscos, como las ostras y los mejillones, se crían en piscifactorías. Este sistema, la piscicultura, es cada vez más frecuente.

Las antenas de satélite ············

Motores muy potentes mueven las bobinas de cable que arrastran e izan la red.

············ **La antena de radar**

El barco se dirige desde el puente de mando. Está equipado con ventanas a todos lados. Desde allí, el capitán vigila el mar. Observa también las profundidades del océano y detecta los bancos de peces con el sónar.

LO 1437

La roda es la parte delantera del barco, que corta el agua.

6 LA LIMPIEZA
El pescado pasa por máquinas que le cortan la cabeza, lo vacían y lo lavan.

7 LA CONGELACIÓN
El pescado se deposita en un horno muy especial: el horno de congelación.

8 LA CÁMARA FRIGORÍFICA
Congelado y empaquetado, el pescado se transporta a la bodega a –35 °C.

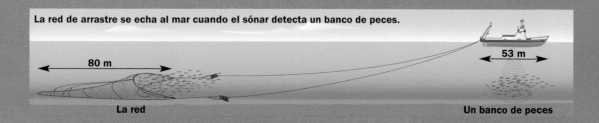

La red de arrastre se echa al mar cuando el sónar detecta un banco de peces.

80 m

53 m

La red

Un banco de peces

El planeta verde

Aproximadamente un tercio de la superficie terrestre de nuestro planeta está cubierta por los bosques. Son espacios muy valiosos que acogen un gran número de especies. En Europa su superficie tiene tendencia a aumentar, pero son duramente atacados en otros países.

¿Dónde se encuentran los bosques?

Los bosques más importantes se concentran en dos grandes franjas forestales que dan la vuelta al planeta, allí donde hay precipitaciones suficientes para que los árboles crezcan. Los bosques tropicales se encuentran a la altura del ecuador, en la Amazonia, la cuenca del Congo e Indonesia. Al norte, desde Alaska a Siberia pasando por Canadá, el norte de Europa y Asia, domina el bosque boreal.

Los bosques tropicales

Estos bosques albergan una enorme variedad de plantas y animales. Los árboles más altos pueden medir hasta 50 m, pero la mayoría culmina a 20 o 30 m. Las copas son tan densas que forman una especie de techo. Absorben casi toda la luz del sol.

Los bosques tropicales húmedos son muy densos. Las plantas crecen muy deprisa.

El bosque boreal está constituido por coníferas: pinos, píceas y alerces.

El bosque boreal

El bosque boreal, o taiga, es la franja forestal más extensa del planeta: 13 millones de km². Es un bosque bastante reciente: ocupó las regiones liberadas por el deshielo hace unos 12 000 años. Aunque durante mucho tiempo ha sido poco explotado, actualmente sufre talas masivas.

La madera tropical, muy apreciada por su calidad, se exporta a todo el mundo, primero en camión y luego por barco.

Los bosques templados constituyen la tercera gran zona forestal.

¿Por qué se talan los árboles?

El ser humano utiliza la madera para calentarse, para cocinar los alimentos, fabricar papel y muebles y construir edificios. En las regiones tropicales, donde la población aumenta, se talan los bosques para poder extender las ciudades y la superficie de los campos de cultivo, como se hacía en la Europa medieval.

El bosque protector

En todo el mundo, el bosque protege los suelos, lucha contra la erosión y los corrimientos de tierra. Y especialmente en las regiones ecuatoriales, donde caen más de 2 m³ de lluvia al año.

Troncos de árboles en bruto, acabados de talar.

La deforestación, un peligro para la biodiversidad

El bosque tropical alberga una enorme cantidad de especies, más de un tercio de las conocidas, mucho más que los bosques que hay en Europa. Destruyendo este bosque, el hombre pone en peligro la biodiversidad del planeta, ya que el bosque que vuelve a crecer en su lugar siempre es más pobre en vegetales y animales.

Dos tipos de extracciones

Cada año se extraen de la selva de la Guayana varias toneladas de oro. Hay unas 150 zonas de extracción autorizadas. Pero también hay 10 000 buscadores de oro clandestinos.

El peligro del mercurio

Para recuperar el oro utilizan mercurio, un metal tóxico para las plantas y los animales de la selva, así como para los miles de personas que se alimentan de ellos.

Una nueva ley

En la Guayana, cada año se vierten a la naturaleza unas diez toneladas de mercurio. Desde 2006 su utilización está prohibida por ley. Pero ¿cómo hacer que se cumpla la ley en plena selva?

Los buscadores de oro degradan la selva de la Guayana

1 El subsuelo de la Guayana contiene oro.
Hay pepitas mezcladas con el aluvión de los ríos.
El oro, pues, no resulta fácil de encontrar.

2 Las excavadoras remueven el suelo. Llegan hasta la grava y la arena que contienen el oro.

3 Los buscadores de oro utilizan lanzas de agua para transformar el terreno en barro líquido. Estas lanzas son tan potentes que llegan a desarraigar los árboles.

4 El barro se vierte en los cedazos. Cae sobre cintas de clasificación en las que sólo quedan atrapadas las pepitas de oro, porque pesan más.

5 Los buscadores vierten mercurio sobre el oro. Esto forma una pasta, la «amalgama», de la que cuando se calienta se evapora el mercurio y queda el oro.

6 El mercurio contamina el bosque, el aire y los cursos del agua. Representa un riesgo para la fauna y las personas que viven en el bosque.

Tesoros de la Guayana

La selva de la Guayana alberga una gran variedad de animales y plantas. Es un territorio que hay que proteger, ya que su subsuelo esconde un tesoro cuya pérdida representa una amenaza para la fauna y la flora. Abre el desplegable para descubrirlo.

La Guayana

La Guayana es un departamento francés de ultramar situado en América del Sur, en la Amazonia. Allí está el centro espacial de Kourou, desde donde se lanza el cohete *Ariane*.

Una selva densa

La Guayana tiene una extensión parecida a Portugal. Está situada en una zona tropical húmeda. La selva que la cubre es tan densa que resulta difícil adentrarse en ella.

Una rica biodiversidad

La selva de la Guayana alberga un gran número de plantas y animales. Se pueden encontrar, por ejemplo, guacamayos azules ❶, ocelotes ❷, hoazines ❸, pecaríes ❹ o gallos de roca ❺.

Las riquezas del subsuelo

El subsuelo de nuestro planeta contiene una gran riqueza, de la que hemos llegado a depender: las energías fósiles. Pero estas energías, el carbón, el petróleo y el gas natural, no son renovables: las reservas son limitadas.

Una dependencia energética

Las energías fósiles proceden de rocas que han surgido de la larga descomposición de plantas y animales. Están sepultadas muy profundamente bajo la tierra y el mar. Son la base de nuestro desarrollo económico. Pero las reservas no son inagotables, y no todas las regiones del mundo disponen de ellas.

Las minas de carbón pueden ser a cielo abierto o subterráneas.

Un pozo de petróleo en Estados Unidos. Este país es el tercer productor mundial de petróleo, por detrás de Arabia Saudita y Rusia.

El carbón, energía histórica

En el siglo XIX, el carbón fue la base de la Revolución industrial en Europa. Servía para alimentar las locomotoras y muchas fábricas. Las reservas de carbón son considerables, pero actualmente se utiliza mucho menos. Es muy contaminante.

El petróleo: el oro negro

El petróleo es la fuente de energía más utilizada. Está presente en todo nuestro sistema económico: proporciona gasolina, permite hacer funcionar las centrales eléctricas, fabricar ropa y objetos de plástico, carreteras... Su explotación masiva tiene límites: al ritmo de extracción actual, las reservas, difíciles de calcular con exactitud, se agotarán durante el siglo XXI.

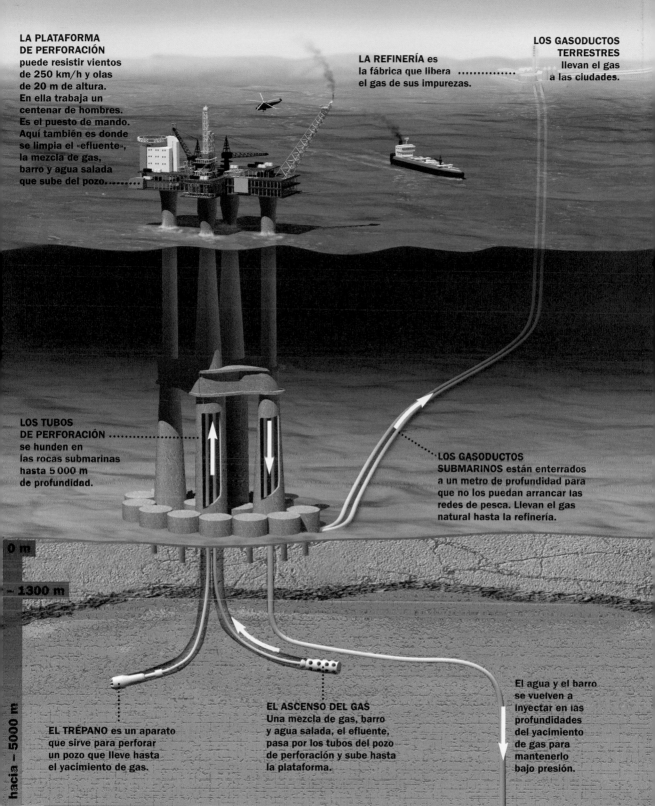

LA PLATAFORMA DE PERFORACIÓN puede resistir vientos de 250 km/h y olas de 20 m de altura. En ella trabaja un centenar de hombres. Es el puesto de mando. Aquí también es donde se limpia el «efluente», la mezcla de gas, barro y agua salada que sube del pozo.

LA REFINERÍA es la fábrica que libera el gas de sus impurezas.

LOS GASODUCTOS TERRESTRES llevan el gas a las ciudades.

LOS TUBOS DE PERFORACIÓN se hunden en las rocas submarinas hasta 5 000 m de profundidad.

LOS GASODUCTOS SUBMARINOS están enterrados a un metro de profundidad para que no los puedan arrancar las redes de pesca. Llevan el gas natural hasta la refinería.

0 m

– 1300 m

hacia – 5000 m

EL TRÉPANO es un aparato que sirve para perforar un pozo que lleve hasta el yacimiento de gas.

EL ASCENSO DEL GAS Una mezcla de gas, barro y agua salada, el efluente, pasa por los tubos del pozo de perforación y sube hasta la plataforma.

El agua y el barro se vuelven a inyectar en las profundidades del yacimiento de gas para mantenerlo bajo presión.

La extracción del gas natural

El gas natural

Utilizamos el gas natural para la calefacción y la cocina. Las reservas que se conocen corresponden aproximadamente a un siglo de consumo. Seguramente quedan yacimientos por descubrir. Pero, por ser más difíciles de explotar, el gas saldrá mucho más caro.

Los minerales

Hierro, cobre, plata, oro, diamante... se conocen aproximadamente 4 000 minerales, las otras riquezas del subsuelo. El uranio es la base de la energía nuclear, la bauxita sirve para fabricar aluminio, el coltán (columbita-tantalita), para los teléfonos móviles... Algunos minerales son muy raros, otros son difíciles de extraer. Como el petróleo, no están repartidos regularmente por la Tierra ni son renovables.

¡Peligro, contaminación!

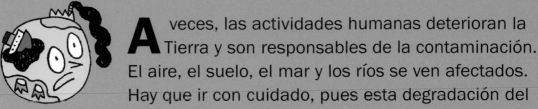

A veces, las actividades humanas deterioran la Tierra y son responsables de la contaminación. El aire, el suelo, el mar y los ríos se ven afectados. Hay que ir con cuidado, pues esta degradación del entorno es perjudicial para el futuro de nuestro planeta.

¿Qué es la contaminación?

La contaminación es todo aquello que degrada la naturaleza, la tierra, el agua y el aire. Hay distintos tipos de contaminación. Un espacio puede resultar afectado por accidente: si un petrolero naufraga, por ejemplo. Contaminamos yendo en coche, generando demasiada basura... Las fábricas y la agricultura también son fuentes de contaminación. Pero ahora todos podemos actuar.

La agricultura contaminante

La agricultura intensiva que se practica en los países desarrollados es una de las principales causas de contaminación. Ciertas formas de ganadería, pero sobre todo el uso masivo de abonos y de productos para eliminar los parásitos, contaminan el suelo y los acuíferos subterráneos. Una vez contaminados, el suelo y las reservas de agua son muy difíciles de «limpiar».

Tirar la basura en cualquier sitio contamina el suelo y los ríos.

Un agua más limpia

En los países ricos, la calidad del agua ha mejorado claramente desde el siglo XIX, y las enfermedades relacionadas con el agua han desaparecido. Las aguas residuales se tratan en estaciones depuradoras y está prohibido verter productos tóxicos en los ríos. Las actividades contaminantes, como las relacionadas con la manipulación de la lana, se han modernizado. En los países pobres todavía hay muchas cosas que mejorar.

Gestionar mejor los residuos

Los residuos domésticos contaminan el suelo, los ríos, el mar, el aire... Podemos colaborar para paliar la contaminación: reduciendo la cantidad de residuos, practicando la recogida selectiva y reciclando.

Verter las aguas residuales al mar amenaza la biodiversidad.

Las centrales eléctricas que funcionan con carbón o petróleo son una de las principales fuentes de contaminación.

A las horas punta, el tráfico contamina el aire.

¡Un esfuerzo con los coches!

En las grandes ciudades, el tráfico es una importante fuente de contaminación. En Europa se buscan distintas soluciones: implantación del tranvía en París, peaje para entrar en Londres, circulación alterna en Roma... Cada vez se fabrican más coches que gastan menos energía. Todas estas medidas han dado como resultado la disminución del nivel de contaminación del aire.

Energías contaminantes

El petróleo y el carbón son las formas de energía que más contaminan, y las más consumidas en el mundo. Sirven para calentarnos y sobre todo para hacer funcionar las centrales eléctricas. En las regiones que más los utilizan, el nivel de contaminación es muy elevado. Es el caso de Pekín, cuya atmósfera es irrespirable en verano.

Mareas negras: accidentes que salen caros

Cuando cae petróleo al mar, las playas quedan contaminadas, las aves quedan atrapadas, los peces ingieren bolitas de petróleo en bruto, los moluscos se ahogan... En Bretaña, Francia, el naufragio del *Amoco Cádiz* en 1978 afectó a 15 000 aves. Las operaciones de limpieza son muy caras, pero afortunadamente los efectos de la marea negra se borran bastante deprisa. Para evitarlo, hay que prohibir que naveguen los petroleros más antiguos.

Industrias químicas: ¡mucho cuidado!

En caso de accidente, las industrias químicas pueden verter productos tóxicos a los ríos. Por eso, están clasificadas según su peligrosidad y están estrechamente vigiladas.

En caso de marea negra

Cuando un petrolero se hunde, el combustible que lleva en los tanques se bombea para evitar escapes.

Los arrastreros, guiados por aviones, recogen con una red el petróleo que flota en la superficie del agua.

En las costas, la arena contaminada se pasa por un cedazo que retiene las bolitas de petróleo.

Las nuevas energías

Demasiado escasa, demasiado cara, demasiado contaminante, demasiado peligrosa... ¡No existe una fuente de energía ideal! Por eso debemos diversificar las formas de suministro. Los elementos naturales podrían sustituir, al menos en parte, las energías tradicionales.

Encontrar nuevas energías

Es necesario buscar nuevas formas de energía porque las energías fósiles son contaminantes, se agotan y existen nuevas demandas que hay que satisfacer. La población mundial crece y cada vez hay más personas que necesitan, por ejemplo, desplazarse en coche.

Las energías renovables

Las energías renovables son las que utilizan los elementos naturales: el viento, el sol, el agua, las plantas.
Esta clase de fuentes de energía tienen una ventaja considerable: se renuevan rápidamente. Pueden considerarse inagotables. Pero nadie sabe si serán suficientes para reemplazar las energías fósiles cuando éstas se hayan agotado.

¡Viva el viento!

Las personas comprendieron hace mucho tiempo los beneficios que podían obtener de la fuerza del viento. Desde la Antigüedad, los molinos han permitido moler el grano. Los generadores eólicos constituyen una buena fuente de energía complementaria, pero no es suficiente para sustituir al petróleo.

Para que funcionen, es necesario que el viento sople de forma regular y con fuerza, por lo menos a 18 km/h. En su contra se añade que son muy ruidosos y degradan el paisaje, y por eso se está pensando instalarlos en el mar.

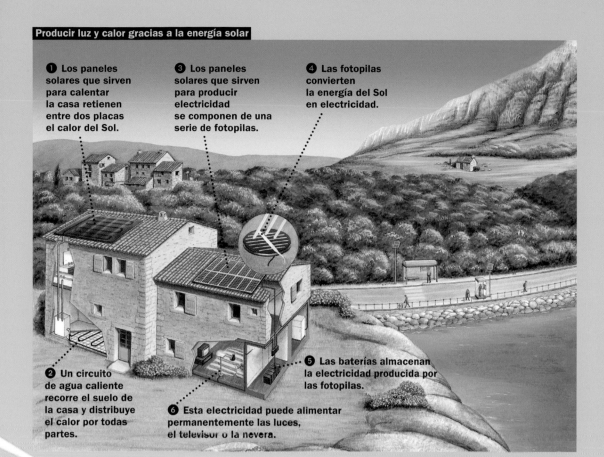

Producir luz y calor gracias a la energía solar

❶ **Los paneles solares que sirven para calentar la casa retienen entre dos placas el calor del Sol.**

❸ **Los paneles solares que sirven para producir electricidad se componen de una serie de fotopilas.**

❹ **Las fotopilas convierten la energía del Sol en electricidad.**

❷ **Un circuito de agua caliente recorre el suelo de la casa y distribuye el calor por todas partes.**

❻ **Esta electricidad puede alimentar permanentemente las luces, el televisor o la nevera.**

❺ **Las baterías almacenan la electricidad producida por las fotopilas.**

Los buenos rayos del Sol

La energía solar es inagotable. ¡Captada al nivel del suelo durante un año, podría satisfacer 10 000 veces las necesidades de toda la humanidad!
Los científicos dominan desde hace tiempo su utilización, pero las instalaciones todavía resultan caras.
Es una energía para el futuro, sobre todo para las regiones a las que no les llega la energía eléctrica tradicional.

Circulemos en verde

Actualmente es posible sustituir el combustible de los coches por carburantes obtenidos de las plantas. En Brasil, 3 millones de vehículos funcionan con etanol, producido a partir de la caña de azúcar.

La nuclear, ¿una energía del futuro?

La nuclear es una fuente de energía muy polémica. Para algunos, permite disminuir la dependencia del petrólco sin expulsar gases nocivos a la atmósfera. Para otros, es una energía peligrosa: produce residuos radiactivos imposibles de eliminar y puede amenazar a millones de personas en caso de accidente o de atentado terrorista.

¡Gracias, agua!

Las presas hidroeléctricas, como esta en Canadá, permiten producir electricidad limpia y barata.

La energía geotérmica se produce en las regiones volcánicas, como Islandia, a partir de las fuentes de agua caliente naturales.

Esta fábrica mareomotriz produce electricidad a partir de la energía de las mareas del océano.

¿Qué es el desarrollo sostenible?

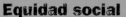

El aumento de la pobreza, la contaminación del aire, los recursos que se agotan... ¿Podríamos vivir mañana mejor que hoy? Sí, a condición de hallar un nuevo modelo de desarrollo. Una idea difícil de entender, pero que se va abriendo camino.

Desarrollo sostenible = equidad social + protección del medio ambiente + eficacia económica

Equidad social

Todos los niños y las niñas deben recibir una educación para saber como mínimo leer, escribir, contar y convertirse realmente en ciudadanos.

Permitir a todo el mundo el acceso a la sanidad preventiva con la vacunación, y en caso de enfermedad o accidente.

Mejorar la organización de las grandes ciudades: limpieza y proporcionar a los habitantes de los barrios de chabolas viviendas mejores.

Desarrollo sostenible

Eficacia económica

Consumir fruta y verdura de temporada. No es necesario gastar petróleo para transportar ciertas mercancías.

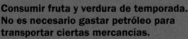

Comprar productos de comercio justo, que garantiza a los productores un salario que les permite vivir de su trabajo.

Practicar el ecoturismo, una forma de turismo que respeta el entorno y proporciona puestos de trabajo a la población local.

Además de reducir la contaminación, la recogida selectiva crea puestos de trabajo.

Protección del medio ambiente

Preferir los medios de transporte menos contaminantes que el coche: andar, pedalear, usar los transportes públicos...

Utilizar fuentes de energía limpias, como la energía solar, el viento, la fuerza del agua, las plantas...

Cuidar los océanos: construir depuradoras y penalizar a los barcos que viertan a propósito petróleo en el mar para limpiar los depósitos.

El desarrollo sostenible, una idea complicada

El desarrollo sostenible es una idea que apareció en 1980. Pero no se habló realmente de él hasta la Cumbre de Río, en 1992. Se trata de encontrar una forma de desarrollo capaz de responder a las necesidades actuales y a las de nuestros hijos más adelante. Es un objetivo atractivo, que obliga a conciliar la protección del medio ambiente, la equidad social y el desarrollo económico.

Protección del medio ambiente

Contaminación, despilfarro... estamos degradando la naturaleza, nuestro entorno. Este comportamiento no puede continuar, no es «sostenible». Es necesario mejorar la gestión de nuestros recursos, reducir la contaminación, encontrar energías renovables.

Equidad social

En Europa, todos los niños y las niñas van a la escuela, casi todo el mundo tiene electricidad, tiene acceso al médico... En África, la situación es muy diferente. El desarrollo sostenible propone una mejor distribución de los recursos, que permita el desarrollo de todos los países y mejore las condiciones de vida de sus habitantes.

Eficacia económica

Encontrar una forma de desarrollo sostenible no quiere decir detener el desarrollo. El objetivo es continuar por el camino del progreso, especialmente en los países pobres. Para ello, hay que reflexionar sobre lo que gastamos, es decir, sobre lo que compramos.

Todo el mundo debe actuar

El reto del desarrollo sostenible nos concierne a todos. Cada uno de nosotros puede participar en esta gran obra de construcción con gestos sencillos: apagar el televisor o el ordenador en vez de dejarlos en espera, comprar chocolate o café de comercio justo, cerrar el grifo mientras nos cepillamos los dientes, desplazarnos en bicicleta y no en coche...

El protocolo de Kyoto

Políticos e investigadores de numerosos países elaboraron este texto que prevé una reducción del 5,5% de las emisiones de gases de efecto invernadero en 2012 respecto a 1990.
Es un gran paso adelante hacia el desarrollo sostenible, ya que estas emisiones son peligrosas para el futuro del planeta.
Pero no todos los países están de acuerdo.

Y además...

TORRES DE AGUA GIGANTES En la montaña llueve más que en el llano. En invierno, estas precipitaciones se producen en forma de nieve, que se deposita en las laderas. Grandes cantidades de agua dulce quedan almacenadas en los glaciares y en las rocas subterráneas si éstas son calcáreas. Con todos estos depósitos en las alturas, las montañas se pueden comparar con enormes torres de agua.

PUROS Y DUROS

Los diamantes son minerales muy buscados por su pureza, su brillo y su variedad de colores. Con ellos se hacen joyas maravillosas. Como también son muy duros, los menos bonitos se utilizan para cortar materiales muy sólidos.

EL AZUL DEL MAR

La luz está formada por rayos de distintos colores.
El agua del mar absorbe todos los colores excepto el azul, que refleja. Por eso el mar se ve azul.

LA BANQUISA: AGUA SALADA

En las regiones polares hace tanto frío que la superficie del océano se hiela. Esta capa de hielo de agua de mar se llama banquisa.

MINAS A CIELO ABIERTO

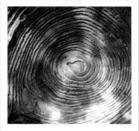

Para encontrar minerales, se pueden excavar galerías subterráneas o hacer gigantescos agujeros en el suelo: son las minas a cielo abierto. La más espectacular mide 4 km de ancho y 800 m de profundidad.

EL *SMOG* LONDINENSE

Esta niebla muy contaminante cubría Londres cuando sus fábricas funcionaban con carbón. En 1952 provocó la muerte de 4 000 personas en una semana.

LAS FOGGARAS

Estos pozos, excavados en los desiertos y unidos entre sí por una galería subterránea, constituyen un sistema de irrigación muy antiguo.

LA ELECTRICIDAD

A diferencia del gas o del petróleo, en la naturaleza no encontramos electricidad. Hay que producir esta energía en grandes fábricas, las centrales eléctricas, alimentadas a su vez por otras energías.

LA PATATA

La patata es un tubérculo consumido en todo el mundo. Los primeros en descubrirla fueron los habitantes de América del Sur. Fue importada a Europa en el siglo XVI.

EL CENTENO

El arroz, el trigo y el maíz son los cereales más consumidos. El centeno, en cambio, se cultiva cada vez menos. Sirve sobre todo para fabricar pan y alimentar a los animales. La espiga se parece a la del trigo. Crece en tierras pobres y secas.

¿DE DÓNDE VIENE EL CARBÓN?

Los helechos y los árboles que se desarrollaron en la Era Terciaria, hace 300 millones de años, son el origen del carbón. Tras decenas de millones de años, los restos de estas plantas se han convertido en energía fósil.

LAS RESERVAS DE PETRÓLEO EN EL MUNDO

En este mapa, el tamaño de los pozos de petróleo es proporcional a las reservas de la región. ¡La zona de Oriente Medio contiene dos terceras partes de las reservas mundiales!

LA PILA DE HIDRÓGENO

Cuando esté desarrollada, esta energía limpia tendría que poderse utilizar en los medios

de transporte. Ya hay coches y cohetes que pueden funcionar con ella, pero todavía resulta muy cara.

PLANTAS MEDICINALES

Algunas plantas pueden tener efectos sobre nuestra salud: desinfectar, calmar el dolor... Muchos medicamentos también están compuestos a partir de plantas. Pero cuidado: hay otras plantas que matan.

SUBMARINOS BAJO LA BANQUISA

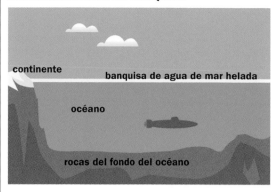

La banquisa solo mide 3 metros de grosor. Por debajo, el agua del océano se mantiene líquida. Así pues, ¡los submarinos pueden navegar bajo el hielo!

NUBES DE TORMENTA

Los cumulonimbos son tan grandes que, vistos desde el suelo, parecen montañas. Pueden medir entre 5 y 15 km de grosor. Están formados por pequeñas gotas de agua y cristales de hielo. Esta mezcla, al ser agitada por los vientos, desencadena tormentas.

LOS CAMPOS DE PANELES SOLARES

Para obtener mucha energía solar hay que instalar muchos paneles solares. Las mayores instalaciones o granjas solares se encuentran en las regiones soleadas: California, España, Portugal.

CIVILIZACIONES DORADAS

Antes de la llegada de los europeos, las grandes civilizaciones de América Central y del Sur, los mayas, los aztecas y los incas, utilizaban el oro para adornarse y decorar sus templos y palacios.

CIUDADES NÓMADAS

Los conquistadores europeos fundaron numerosas ciudades en América Latina. Pero, a causa de los terremotos y los volcanes, muchas de esas ciudades se trasladaron y se reconstruyeron en otro lugar.

La diversidad de la Tierra

Cinco grandes espacios naturales

En la Tierra se distinguen cinco grandes espacios naturales que llamamos «medios». Desde el ecuador hasta los polos se suceden tres grandes medios, de más caliente a más frío: el medio tropical, el medio templado y el medio polar. Los otros dos grandes medios naturales se encuentran distribuidos por todo el planeta. Son los desiertos y las montañas. ¡El hombre vive en todos estos medios!

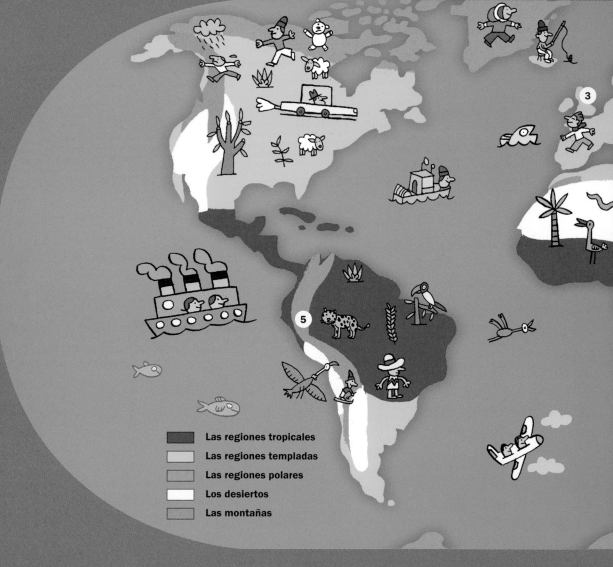

- Las regiones tropicales
- Las regiones templadas
- Las regiones polares
- Los desiertos
- Las montañas

❶ La Antártida, un continente helado.

❷ La sabana tropical en Zimbabwe.

④ El desierto del Gobi en Mongolia.

⑤ La sierra de los Andes en Perú.

③ Un bosque templado en Inglaterra.

¿Por qué hay diferentes climas?

En nuestro planeta existen varios climas: ¡España no tiene el mismo clima que Alaska! Los climas dependen del calor del sol, pero también de los vientos y de las corrientes marinas, que permiten intercambios entre las regiones frías y las calientes.

El papel de los rayos del Sol

Los rayos del Sol no calientan toda la Tierra por igual. Como nuestro planeta es redondo, los rayos del Sol caen más verticales en el ecuador que en los polos.
Por eso, en el ecuador hace más calor y en los polos más frío.

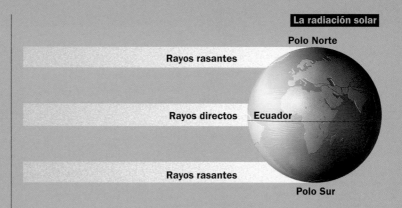

La radiación solar

Polo Norte

Rayos rasantes

Rayos directos   Ecuador

Rayos rasantes

Polo Sur

La inclinación de la Tierra

Igual que una peonza, la Tierra gira alrededor de un eje que pasa por los polos. Este eje de rotación está ligeramente inclinado: ¡la Tierra gira como una peonza inclinada! Por eso, cuando el Polo Norte está iluminado por el Sol, el Polo Sur queda a la sombra: cuando es verano en el Polo Norte, es invierno en el Polo Sur. En las regiones templadas hay cuatro estaciones: el invierno, cuando los días son cortos, el verano, cuando los días son largos, y la primavera y el otoño, dos estaciones intermedias. Las regiones tropicales son siempre cálidas. No tienen invierno.

La inclinación de la Tierra

La Tierra gira sobre un eje inclinado que pasa por los polos.

El Polo Norte es el punto más al norte de la Tierra. Durante el invierno, que dura seis meses, siempre es de noche.

El ecuador es una línea imaginaria que separa el hemisferio norte del hemisferio sur.

El Polo Sur es el punto más al sur de la Tierra. Cuando es invierno en el Polo Norte, es verano en el Polo Sur. Es de día durante seis meses.

Las masas de aire

La circulación de las masas de aire tiene una gran influencia sobre el tiempo atmosférico. Si vienen de los polos, nos traen frío. Cuando llegan de los trópicos, calor.

Nueva York y Nápoles están situados a la misma distancia del ecuador, se encuentran

La Corriente del Golfo es una corriente marina cálida que suaviza el clima de Europa occidental.

La influencia de las grandes corrientes marinas

Algunas corrientes marinas aportan frescor, como las que bajan desde el océano Ártico bordeando las costas canadienses y norteamericanas. Es el caso, por ejemplo, de la corriente del Labrador. Otras corrientes traen calor. Es el caso de la Corriente del Golfo, que nace en el golfo de México, en las regiones tropicales. Atraviesa el océano Atlántico y viene a suavizar el clima de Europa occidental.

El clima no es el tiempo que hace

No hay que confundir el clima con el tiempo que hace. El clima es una media del tiempo que ha hecho durante 30 años. Para obtener esta media, hay que tomar todos los días los datos del tiempo: lluvia, temperatura, viento... Es el trabajo de los meteorólogos, que analizan los datos recogidos por los instrumentos que se encuentran en las estaciones meteorológicas.

Distintos climas, distintos medios

El calor del Sol, la inclinación de la Tierra, la circulación de las masas de aire, las corrientes marinas y el relieve: todos estos elementos explican la existencia de los diferentes climas. Polar, oceánico, continental, tropical, de montaña... a cada clima le corresponde un medio, con una fauna y una flora específicas.

en la misma latitud. En el mes de diciembre, en Nueva York nieva, mientras que en Nápoles se puede ir en camiseta.

Las regiones polares

Tierras del frío y del hielo, barridas por los vientos, las regiones polares constituyen la mayor reserva de agua dulce del planeta. Son espacios muy codiciados por su riqueza en recursos naturales: petróleo en el norte y pescado en el sur.

Temperaturas polares

Las regiones polares son lugares muy fríos: en el sur, en la Antártida, la temperatura media es de –55 °C a 3 400 m de altitud sobre el glaciar. En invierno puede bajar a –70 °C. Al norte, en el Ártico, no hace tanto frío.

El continente antártico

La Antártida es un continente cubierto por un gigantesco glaciar de más de 4 000 metros de grosor. Cuando llega al océano se desprenden de él placas que son el origen de enormes icebergs.

En el Polo Norte, agua permanentemente helada

En el Polo Norte no hay continente, como en la Antártida, sino un océano, el océano Ártico. Como hace mucho frío, en esa parte del mundo el mar se hiela: es la banquisa. El hielo, pues, es salado.

LA FORMACIÓN DE UN ICEBERG EN LA ANTÁRTIDA

❶ En la Antártida solo caen unos quince centímetros de nieve al año. Pero, como hace mucho frío, la nieve no se funde nunca: se acumula desde hace siglos.

En la Antártida, varios glaciares flotantes avanzan mar adentro. Algunos forman plataformas de 700 km de largo.

❷ Progresivamente, la nieve se comprime y se convierte en hielo.

Los icebergs tabulares son placas de glaciar flotantes. Pueden medir 100 km de largo y 10 de ancho.

❸ El glaciar avanza hacia el mar, a más o menos velocidad según la pendiente del terreno. ¡En las costas del continente progresa aproximadamente 1 metro al día!

700 kilómetros

❺ El frente del glaciar penetra en el mar. Entonces, está sometido al movimiento de las mareas y las corrientes marinas.

❽ Dentro del agua, el glaciar sigue avanzando. Como se ha ido haciendo más frágil a causa de las grietas, se acaba rompiendo. Los bloques de hielo que se desprenden forman los icebergs.

❹ Cuando el glaciar llega a la costa, la pendiente se acentúa y el glaciar se rompe. Antes forma grietas que pueden medir más de 20 metros de profundidad.

❻ En verano, en la Antártida, la temperatura del mar es aproximadamente de 3 °C. Esto es suficiente para que las corrientes marinas fundan el glaciar por debajo. Aparecen grietas submarinas.

❼ Al deslizarse, el glaciar rasca el fondo marino. Estos frotamientos son tan importantes que la base del glaciar está coloreada por fangos submarinos.

El Polo Norte está situado en un océano, el océano Ártico.

La Antártida es un continente cubierto de hielo.

El acantilado del glaciar mide 40 metros de altura. Por debajo, el hielo se hunde hasta 360 metros de profundidad.

❾ El hielo situado bajo el agua sigue fundiéndose. Cuando la masa de hielo que queda fuera del agua es superior a la que queda debajo, el iceberg se da la vuelta para reequilibrarse.

Los animales del Gran Norte
❶ El oso blanco.
❷ La morsa.
❸ El lémming.
❹ El búho nival.
❺ La perdiz ártica.
❻ La liebre ártica.
❼ El armiño.
❽ El zorro ártico.
❾ El págalo rabero.

Al norte, una vegetación baja...

En los continentes que rodean el océano Ártico no crecen los árboles. Cuando hay vegetación, ésta se limita a los musgos y los líquenes. Es la tundra. Sirve de pasto a los renos.

... y muchos animales

Pese a este clima, la fauna es muy rica, tanto en tierra firme como en el agua. Como el oso blanco, con su espeso pelaje, los animales que viven allí se han adaptado al frío. Pero en invierno muchas especies migran hacia el sur.

Al sur, un desierto helado...

La Antártida es un desierto helado y seco. Las nevadas son muy débiles. En el polo no hay ningún ser vivo, ni animal ni vegetal.

... pero unas costas pobladas

En cambio, la flora y la fauna son muy ricas junto al mar. Los mares australes y sus islas albergan mamíferos marinos como las ballenas y los otarios, y aves como los pingüinos y los albatros. ¡Todos ellos soportan temperaturas glaciales y vientos que soplan a 250 km/h!

Duración del día y de la noche

En los polos, el día y la noche duran lo mismo: ¡seis meses cada uno! En el Polo Norte, es de día a medianoche en julio y es de noche al mediodía en diciembre. Esto resulta muy perturbador, ya que nuestro cuerpo está adaptado a la alternancia día/noche. ¡No es fácil conservar la moral en invierno, cuando siempre es de noche!

Vivir entre el hielo

La región ártica está habitada desde hace mucho tiempo por los inuit. Actualmente, al convivir con personas procedentes de Europa o de América, han adoptado un estilo de vida moderno. En la Antártida, donde todavía hace más frío, solo viven algunos científicos.

En las ciudades del Gran Norte, como esta de Alaska, se vive en la penumbra de la mañana al anochecer durante meses.

En el Ártico, un estilo de vida tradicional...

Los inuit, también llamados esquimales, ocupan desde hace unos 10 000 años las tierras árticas. Viven en Alaska, en el norte de Canadá, en Groenlandia o en Siberia, donde desarrollaron un estilo de vida adaptado a las condiciones climáticas extremas. Viven aislados del resto del mundo, con la pesca y la caza como únicos recursos.

... actualmente abandonado

Hombres procedentes de Europa y de América se instalaron en el Ártico para explotar las energías fósiles. Su llegada modificó el estilo de vida de los inuit. En el Gran Norte han aparecido ciudades y fábricas. Actualmente, los inuit ya no viven en iglús, la mayoría vive en la ciudad. Nuuk, la capital de Groenlandia, cuenta con un millón de habitantes.

Esta imagen data de 1912. Los inuit ya no viven así.

Actualmente los inuit viven en la ciudad, en casas «sólidas». De su estilo de vida tradicional han conservado el afecto por sus perros de arrastre, pese a la aparición de las motos de nieve.

La Antártida, un continente para la investigación

Tras la firma de un tratado internacional en 1959, la Antártida está consagrada exclusivamente a los estudios científicos. Este continente es, en efecto, una base de observación perfecta, aunque los investigadores tengan que enfrentarse al frío y al aislamiento. Cerca de un millar de científicos se relevan allí permanentemente.

La evolución del planeta

Las investigaciones que se realizan en la Antártida son muy variadas. Permiten comprender la evolución de la Tierra. Los investigadores efectúan perforaciones de varios kilómetros de profundidad y extraen fragmentos de hielo de forma cilíndrica, llamados testigos.
Los cortan, los analizan y obtienen información sobre el clima en la época en que se formó el hielo. ¡Hace 400 000 años!

El rompehielos

Un rompehielos es un barco que sirve para abrir vías de navegación en aguas ocupadas por los hielos. Para abrirse camino no choca contra el hielo: ¡es tan potente que se sube encima! Bajo su peso, el hielo cede. El barco se libera entonces de las placas de hielo y continúa su avance. Es una técnica eficaz, pero muy ruidosa.

La vida es dura para los investigadores que habitan en el continente antártico. ¡En el exterior, la temperatura puede llegar a −80 ºC!

Las regiones templadas

Las regiones templadas son las únicas zonas del planeta en que se suceden cuatro estaciones contrastadas: primavera, verano, otoño, invierno. Ocupan un gran espacio: aproximadamente la cuarta parte de la superficie de los continentes.

Tres climas para un solo medio

En las regiones templadas existen tres climas diferentes, marcados por temperaturas y precipitaciones de lluvia o de nieve muy distintas. Estas diferencias se traducen en un mosaico de paisajes.

El clima oceánico

Las regiones situadas en la fachada oeste de los continentes están sometidas a la influencia del mar: el clima es húmedo, suave en invierno y fresco en verano. En efecto, las masas de aire del oeste se han suavizado a su paso por el océano. Los paisajes son verdes porque llueve con frecuencia, y las diferencias de temperatura no son muy importantes. Los árboles, como las hayas y los robles, crecen con facilidad.

El clima continental

En las regiones interiores de los continentes los inviernos son más fríos y los veranos más cálidos que en las regiones de clima oceánico. Son, por tanto, las zonas donde se observan las diferencias de temperatura más importantes. En Moscú puede haber −30°C en diciembre y +30°C en julio. En estas regiones los bosques de coníferas están muy extendidos: es la taiga.

El clima mediterráneo

Este tercer gran tipo de clima de las regiones templadas toma el nombre del mar Mediterráneo. Lo encontramos en todas las costas de este mar, pero también en California, alrededor de Santiago de Chile o en África del Sur. En estas regiones el verano es caluroso y seco y el invierno suave. Crecen sobre todo árboles que necesitan poca agua, como el olivo y el alcornoque.

¡Templado no quiere decir suave!

Las regiones templadas, entre las que se encuentra Europa, no tienen un nombre muy acertado. No todas son territorios de clima suave y moderado, como podría pensarse. Especialmente cuando el clima es continental. Al este, Rusia sufre inviernos muy fríos. Se pueden registrar temperaturas de −70°C en invierno. Los veranos son cortos, pero muy calurosos.

Las cuatro estaciones de las regiones templadas

Primavera   Verano   Otoño   Invierno

Las regiones templadas se caracterizan por tener cuatro estaciones que marcan el ritmo del año. En primavera la naturaleza se despierta, las plantas florecen, las hierbas y las hojas son verdes. En verano el verde del campo se vuelve más oscuro. En otoño las hojas se secan y se caen. En invierno la naturaleza está adormecida y los árboles se desnudan.

Dos paisajes característicos del clima oceánico: la campiña irlandesa y la landa bretona.

Dos paisajes característicos del clima continental: la taiga y la pampa argentina.

Dos paisajes característicos del clima mediterráneo: la maquia corsa y surafricana.

Una ciudad europea a lo largo de los siglos

En general, los países de las regiones templadas están muy poblados. Los seres humanos los han ido transformando practicando la agricultura y la ganadería y construyendo ciudades. Veamos la evolución de una antigua ciudad europea.

Dos tipos de poblamiento
Las regiones templadas de Europa y de Asia figuran entre los núcleos de población más antiguos.

Las primeras ciudades se construyeron hace 5 500 años en Mesopotamia. El continente americano, en cambio, estuvo muy poco poblado antes del siglo XV: los territorios del Oeste americano se ocuparon progresivamente hace apenas 200 años.

3000 a.C. Algunas familias se han agrupado en una pequeña colina junto a un río. Los hombres talan el bosque para poder plantar trigo. Con la madera construyen sus casas.

Hacia el año 1200. El señor vive en el castillo, erigido en lo alto de la colina. Los campesinos viven en las casas de abajo. Junto al río, molinos de viento y de agua muelen el trigo.

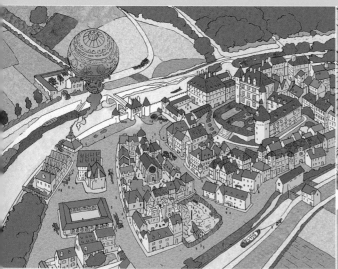

1785. La limpieza todavía es escasa: no hay recogida de basuras, no hay agua corriente... pero la medicina ha avanzado. La gente puede recibir atención en el hospital que se ha construido junto al castillo.

1870. El comercio sigue ganando importancia en la ciudad. Las casas se alumbran con lámparas de gas. Se ha implantado la máquina de vapor, que permite la circulación de los trenes y el funcionamiento de las fábricas.

Espacios muy modificados

Las regiones templadas europeas son espacios modelados desde hace mucho tiempo por el ser humano. Desde la Antigüedad, se desbrozan los bosques para dejar espacio a la agricultura. En la Edad Media, el proceso de deforestación se amplía todavía más. Poco a poco, la construcción de las ciudades y la creación de redes de transporte contribuyen a dar forma a los territorios.

La particularidad americana

A partir del siglo XV, los europeos descubren el continente americano, donde viven los pueblos indios. Al principio se instalan junto al mar, al este, y luego fueron avanzando hacia el interior siguiendo los ríos. La construcción de las ciudades americanas, siguiendo un plano cuadriculado, con las calles cruzándose en ángulo recto, muestra la voluntad de organizar el espacio de la mejor manera posible.

Una sociedad rica y desarrollada

Las regiones templadas del hemisferio norte han pasado por todas las fases del desarrollo económico y cuentan hoy día con los países más ricos: Estados Unidos y los países europeos. En el siglo XIX, la Revolución industrial transformó los puestos de trabajo agrícolas en puestos de trabajo industriales. A partir de 1950 se impuso ampliamente una economía de ocio y de servicios.

1530. La población aumenta. Se construye una iglesia, que se convertirá en el corazón de la población. También se crea un pequeño puerto, que permite viajar e intercambiar mercancías con los pueblos vecinos.

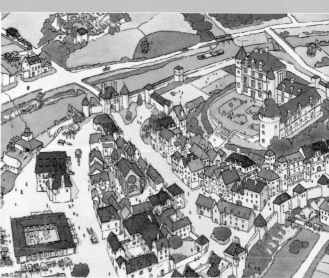

1650. Se desarrolla la artesanía. En la planta baja de las casas se abren tiendas de tejidos, de alfombras, de muebles... Cada mañana se celebra un gran mercado.

1920. Con la construcción de torres de agua, el uso del agua corriente se generaliza en la ciudad. También se extiende la electricidad. Las bombillas sustituyen a las lámparas de gas.

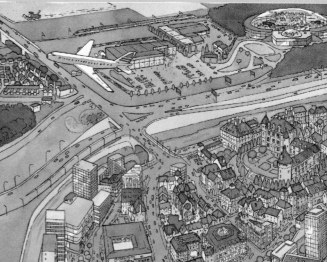

En el siglo XXI. Aquella aldea del pasado se ha convertido en una ciudad moderna. El castillo renacentista, vestigio de tiempos pasados, aún existe. Vienen a visitarlo turistas de todo el mundo.

Las regiones tropicales

Las regiones tropicales están situadas en una ancha franja comprendida entre los trópicos de Cáncer y de Capricornio. Estas regiones no conocen el invierno: ¡hace calor todo el año! Algunas son secas, otras son húmedas. Todas ellas albergan una fauna variada.

¿Ecuatorial o tropical?

Dentro de las regiones tropicales se distinguen dos climas. Cerca del ecuador, el clima es húmedo todo el año: es el reino de la selva, verde y densa. Cuando nos alejamos hacia los trópicos, aparece una estación seca: el bosque se aclara. Es el territorio de la sabana.

La sabana

Es una gran extensión de hierba alta salpicada de arbustos. En África se trata muchas veces de acacias. Este tipo de vegetación se desarrolla en regiones tropicales cuando hay una estación seca muy larga. La falta de agua impide que los árboles se desarrollen.

Espacios salvajes

La sabana no se encuentra solo en África. Es en este continente donde es más extensa, pero también hay sabana en Brasil, la India y Australia. Son generalmente espacios salvajes, poco habitados por las personas, pero poblados por grandes animales.

La sabana Se encuentra en las zonas tropicales que tienen una estación seca.

La sabana es una gran extensión de hierba salpicada de arbustos.

IMPALA

ELEFANTE

GRULLA CORONADA

JIRAFA

CEBRA

GUEPARDO

HIPOPÓTAMO

El bosque tropical húmedo

Cerca del ecuador, las lluvias son abundantes todo el año.

La temperatura media es elevada: alrededor de 25 °C. Estas condiciones explican la presencia de grandes bosques densos y siempre verdes, como los de la Amazonia y el Congo. Estos bosques también reciben el nombre de junglas.

El pulmón verde, una idea falsa

Contrariamente a lo que se suele decir, la Amazonia no es el pulmón verde del planeta. En efecto, la vegetación de esta jungla absorbe tanto oxígeno como dióxido de carbono expulsa.

El monzón

El monzón es el nombre de un viento del sur que sopla a partir del mes de mayo en las costas del sudeste asiático. Trae lluvias muy abundantes, que inundan las tierras más bajas.
Este fenómeno resulta particularmente devastador en la India, China y Bangladesh, pero las personas aprenden a convivir con él. Por otro lado es beneficioso, ya que fertiliza las tierras agrícolas.

El reino de las lianas

El clima de las zonas tropicales húmedas es muy favorable para la vegetación.

La jungla amazónica crece sobre sus propios restos caídos al suelo: al descomponerse, las ramas, las hojas y los árboles muertos alimentan las raíces de los árboles. Algunas especies, como las lianas, utilizan otras plantas como soporte para crecer. Sus raíces agarradas a un árbol bajan hasta el suelo. Las del ficus estrangulador, por ejemplo, rodean el tronco de su víctima y acaban ahogándola.

El bosque tropical húmedo Se encuentra alrededor del ecuador, en regiones siempre cálidas y húmedas.

CAIMÁN

El bosque tropical alberga el mayor número de especies vivas del mundo.

ORANGUTÁN

MONO UÁCARI

TUCÁN

GUACAMAYO ROJO

MIGALA

TIGRE

Vivir donde siempre hace calor

Un tercio de la población mundial vive en las regiones tropicales, donde siempre hace calor. Esto representa mucha gente y unos estilos de vida muy diferentes. ¿Qué puede tener en común la vida en Shangai y en el corazón de la selva amazónica?

Una zona amplia y muy poblada

Las regiones tropicales se extienden sobre tres continentes entre los trópicos de Cáncer y de Capricornio: América, de México a Brasil; África, del sur del Sahara a Mozambique; Asia, con una parte de la India, China, Indonesia y Tailandia. Algunas regiones están sumamente pobladas, especialmente en Asia. Otras, como las extensas junglas ecuatoriales de África y América, mucho menos.

Ciudades muy grandes

México, São Paulo, Shangai... algunas de las mayores ciudades del mundo están situadas en las regiones tropicales. Incluso hay ciudades que han sido fundadas en plena jungla, como Manaus, en Brasil. Pese a su situación, Manaus es una ciudad moderna, comparable con muchas otras.

Shangai, en China, tiene cerca de 15 millones de habitantes.

Las enfermedades tropicales

Dengue, filariosis, paludismo, chikungunya... a causa del clima, en los trópicos existen un tipo de enfermedades que no se desarrollan en otros lugares. En la mayoría de los casos, las enfermedades las transmiten los mosquitos. Algunas de ellas causan una gran mortalidad entre la población. Desgraciadamente son difíciles de combatir, pues las vacunas y los medicamentos son demasiado caros o, simplemente, no existen.

El mercado de flores de Calcuta, en la India.

Los indios jíbaros viven en la Amazonia. Son uno de los últimos pueblos que viven al margen del mundo moderno.

Grandes potencias agrícolas

Los grandes países cálidos han desarrollado su agricultura gracias a una mano de obra numerosa. El tiempo cálido y húmedo favorece el cultivo de los cereales, especialmente el del arroz, que necesita mucha agua. China es el primer productor mundial de trigo y de arroz, por delante de la India. Brasil es el primero en café, el segundo en soja...

El estilo de vida tradicional de la jungla

Durante mucho tiempo, el ser humano ha vivido en armonía con el bosque. Para alimentarse, cazaba, pescaba, recolectaba frutos y practicaba la agricultura chamicera. Esta técnica consiste en prender fuego a una parte del bosque para poder plantar. También conocía perfectamente las plantas y las utilizaba para curarse.

¿Y hoy en día?

Algunos pueblos, como los tupí-guaraníes y los jíbaros en Amazonia o los penang en Malasia, intentan preservar ese estilo de vida tradicional. Son poblaciones que se han mantenido al margen del mundo moderno. En Brasil existen reservas donde están protegidos. Se cree que unos 50 millones de personas viven en las junglas tropicales de todo el mundo.

Para poder alimentar a la población los países de las regiones tropicales se han convertido en grandes productores agrícolas. En estas dos imágenes aparecen el cultivo del arroz y de la piña.

Las regiones montañosas

Las montañas se caracterizan por las fuertes pendientes y las altitudes elevadas. Están presentes en todas las latitudes y disfrutan de un clima específico: son siempre más húmedas y frescas que los llanos vecinos, incluso en los desiertos.

En cada piso, su fauna y su flora
Los científicos que estudian las montañas las dividen en «pisos». En cada piso vive una fauna particular y crece una vegetación específica.

5

4

En Perú, en los Andes, hay campesinos que viven a 3 300 metros de altitud. ¡En los Alpes los pueblos más altos están mil metros más abajo!

Los pisos son muy diferentes según las cordilleras. Los de los Alpes no son los mismos que los de los Andes o el Himalaya.

❶ En el PISO DE COLINA se encuentran los pueblos, las granjas, los establos donde los rebaños pasan el invierno. También se pueden encontrar industrias, como las serrerías.

❷ A partir de los 800 metros, el PISO DE MONTAÑA es el de los bosques de hayas o de robles. Cuanto más se asciende, más coníferas se encuentran. En este piso viven ciervos, corzos, jabalíes, zorros...

❸ A partir de 1 500 metros, el PISO SUBALPINO es el del bosque de coníferas (píceas, alerces). Se encuentran muflones, lobos y armiños.

❹ A partir de los 2 000 metros, el PISO ALPINO. Aquí ya no hay bosque, sino prados, donde viven las marmotas y en verano pacen las ovejas y las vacas.

❺ A partir de 2 600 metros, el PISO NIVAL. Es un paisaje de roca desnuda, muchas veces sepultada bajo la nieve. Se pueden ver rebecos. En lo más alto, solo pueden encontrarse algunas aves, como cornejas o águilas.

El clima de montaña

En la montaña el clima depende de la altitud. Cuando ascendemos, se producen más precipitaciones y hace más frío. Por término medio, las temperaturas bajan medio grado cada 100 metros. Mientras que a nivel del círculo polar hay 0 °C a 600 metros de altitud, hay que subir a 2 200 m en los Alpes y a 4 700 m en el ecuador para encontrar esta temperatura.

En el medio tropical

En los trópicos, la vegetación llega mucho más arriba que en los Alpes. En el volcán Cotopaxi, en Ecuador, todavía crecen plantas a 4 700 metros. Para ver nieve, hay que subir más. Las nevadas, sin embargo, pueden ser importantes en estas sierras, sobre todo en los Andes.

Los desiertos

Los desiertos ocupan alrededor de la tercera parte de la superficie de los continentes. No siempre son extensiones de arena dominadas por el calor, también existen desiertos fríos y rocosos. De todos modos, todos tienen algo en común: no resultan nada acogedores.

Una gran falta de agua

Los desiertos se caracterizan por la sequía. Falta agua por todas partes: en el subsuelo, en el aire, en los ríos. En Mauritania, en el Sahara, ¡llueve cuatro días al año! El lugar más seco del mundo es Arica, en el límite del desierto de Atacama, al norte de Chile: la ciudad recibe 0,8 mm de agua al año. Esta aridez explica la rareza de la vegetación. Con la primera lluvia, las plantas crecen muy rápidamente pero también desaparecen muy deprisa.

Arena y rocas

Las dos terceras partes de los desiertos son rocosos. En las grandes llanuras, el viento se lleva la arena y quedan las rocas desnudas. En otros desiertos, la arena es abundante. A veces, se extiende hasta donde alcanza la mirada. Empujada por el viento, forma dunas.

Los dromedarios y los camellos pueden prescindir del agua durante dos semanas.

El cactus es una planta bien adaptada a los desiertos.

El desierto de Atacama, situado entre el océano Pacífico y la cordillera de los Andes, es el más árido del mundo.

El calor y el frío

En el desierto no siempre hace calor. Puede incluso llegar a hacer mucho frío: el desierto del Gobi está sometido a inviernos crudos.
En el Sahara las noches pueden ser frías, pero durante el día el Sol brilla casi continuamente: ¡3 400 horas de sol al año!

Una fauna adaptada

Los animales han desarrollado comportamientos para resistir la sequía. Los reptiles se entierran en la arena, los antílopes se desplazan siguiendo las lluvias. El dromedario puede soportar la sed... pero tiene sus reservas: ¡puede beber 130 litros de una sola vez!

Una flora característica

La vegetación es escasa. Suelen tener las raíces muy largas para encontrar agua a más profundidad. Tienen espinas en vez de hojas, lo que limita la evaporación. Muchas, como los cactus, almacenan agua.

El Nilo: un río que atraviesa el desierto

El Nilo es uno de los ríos más largos del mundo. En su curso a través de África, de sur a norte, atraviesa el Sudán y cruza el desierto de Nubia.
Allí forma una hermosa cinta azul en medio de un desierto de arena y de rocas rojizas, donde van a beber los leones y los antílopes. A sus orillas pueden desencadenarse grandes tormentas de arena.

Los animales del Sahara

❶ El chacal
❷ El fenec
❸ El addax
❹ El búho real
❺ El gato de las arenas
❻ La víbora
❼ El escorpión y la araña solífuga
❽ El jerbo
❾ El lagarto

Vivir en el desierto

La falta de agua hace que la vida en el desierto sea difícil. Por eso son espacios poco ocupados. Sin embargo, las personas han aprendido desde hace mucho tiempo a sacar partido de ese entorno hostil. Incluso han construido grandes ciudades.

En un oasis como este del Sahara marroquí, los habitantes aprovechan la proximidad de una fuente de agua para cultivar fruta, verdura y cereales a la sombra de las palmeras datileras.

Agricultores en los oasis

Durante mucho tiempo las personas que vivían en el desierto se agrupaban donde había agua, es decir, en los oasis. Practicaban una agricultura «a tres niveles». En el mismo suelo plantaban verduras: zanahorias, pimientos, cebollas, calabazas, y a veces cereales como el trigo o la cebada. También hacían crecer grandes palmeras datileras. Y, en medio, árboles frutales más pequeños.

Nómadas del desierto

Los demás habitantes del desierto eran nómadas. Los pastores se desplazaban con sus rebaños de camellos, vacas, cabras u ovejas en función de las lluvias y de los pastos. Los caravaneros, por su parte, comerciaban. En el Sahara vendían sal y llevaban té o carne seca. En 1958 la caravana de Tombuctú reunía 40 000 camellos. Actualmente han sido sustituidas por camiones.

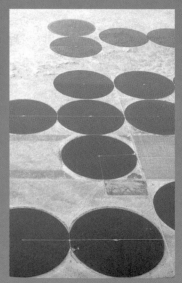

Un moderno sistema de irrigación en Arizona, Estados Unidos.

Los tuareg son un pueblo de bereberes nomadas que vive en el Sahara. Se les llama también «hombres azules del desierto» por el color de sus turbantes.

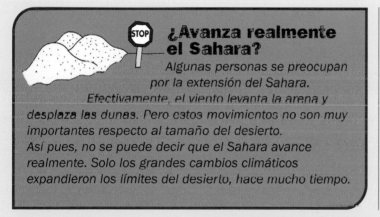

¿Avanza realmente el Sahara?

Algunas personas se preocupan por la extensión del Sahara. Efectivamente, el viento levanta la arena y desplaza las dunas. Pero estos movimientos no son muy importantes respecto al tamaño del desierto. Así pues, no se puede decir que el Sahara avance realmente. Solo los grandes cambios climáticos expandieron los límites del desierto, hace mucho tiempo.

Los pueblos nómadas de Asia central

En los desiertos de Asia central los pastores mongoles y turcos aún son nómadas. Viven en grandes tiendas de tela llamadas yurtas, y se desplazan a caballo. Pero también aquí el contacto con las ciudades va modificando poco a poco su estilo de vida.

Regiones modernizadas

En Estados Unidos y Emiratos Árabes el dinero obtenido del petróleo ha permitido construir ciudades ultramodernas en pleno desierto. En el Sahara, las ciudades han crecido mucho. Se vive como en muchos otros sitios. La agricultura tradicional de los oasis perdura, pero también se usan bombas eléctricas y perforaciones profundas para extraer más agua y aumentar el rendimiento.

En Dubai se construyen rascacielos a un ritmo desenfrenado: el emirato pretende convertirse en el primer destino mundial de turismo de lujo.

Los cambios climáticos naturales

Nuestro planeta evoluciona sin parar; el clima, también. Estas transformaciones, de origen natural, pueden ser espectaculares si se observan con la perspectiva de millones de años: ¿sabes que en Europa había selvas tropicales y en el Sahara glaciares?

El calor y el frío del planeta
Cuando se formó la Tierra, en la superficie terrestre hacía mucho más calor que hoy. En el transcurso de los últimos dos millones de años, la temperatura media de la Tierra ha bajado considerablemente. Se han sucedido períodos fríos de una duración de 100 000 años: los períodos glaciales. Están separados por fases más templadas de 10 000 años, llamadas períodos interglaciares.

Durante el último período glacial los hielos de la región ártica estaban más extendidos que hoy en día.

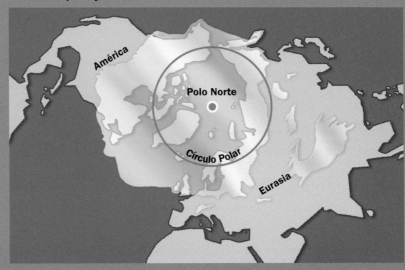

Durante el último período glacial, en Europa, en unos paisajes helados y sin árboles, los hombres de Cromañón cazaban mamuts. Estos animales gigantescos desaparecieron a finales del último período frío.

Los grandes lagos finlandeses son rastros del paso de los glaciares por esta parte de Europa.

¿Calor, calor, calor?

¿Estamos viviendo el período más cálido de la historia de la Tierra? ¡No! Desde hace aproximadamente 12 000 años, estamos en un período interglaciar. No es, pues, anormal que el clima se caliente. Pero la época en la que vivimos no es seguramente la más cálida de la historia. Es probable que durante las fases interglaciares anteriores las temperaturas medias fuesen superiores a las que conocemos.

Los múltiples rostros del Sahara

El Sahara ha cambiado mucho con las distintas variaciones climáticas. Hace cientos de miles de años había glaciares. Hace 8 000 años estaba cubierto de lagos y de una rica vegetación. El desierto se estableció hace 5 000 años.

Diferentes explicaciones

Los cambios climáticos naturales pueden tener diferentes causas: variaciones del calor emitido por el Sol, modificaciones del eje de rotación de la Tierra o de la distancia entre la Tierra y el Sol.

Un frío polar en Europa

El último período glacial acabó hace 12 000 años. Pero antes el frío ya reinaba en Europa. Los glaciares de los Alpes bajaban hasta Lyon; los procedentes de Escandinavia cubrían casi todo el continente, hasta donde está actualmente Londres, Amsterdam y Kiev.

Más tierras emergidas

Durante estos períodos glaciales el agua estaba «atrapada» en el hielo. El nivel del mar era mucho más bajo que el actual. Había, pues, tierras emergidas que no conocemos.

Por ejemplo, ¡el canal de la Mancha era una llanura! De América del Norte a Siberia se podía pasar caminando sin mojarse.

El desierto del Namib hoy es extremadamente árido. En el pasado era un lugar más acogedor, como se puede ver en este grabado rupestre.

Y mañana: ¿el calentamiento global?

No hay duda de que el clima cambia de manera natural. Pero las personas, al expulsar a la atmósfera gases de efecto invernadero, estamos contribuyendo por vez primera a modificar la historia de la Tierra. Las consecuencias aún son difíciles de prever.

Los efectos de la actividad humana

Desde 1880 las temperaturas están aumentando. Este calentamiento está relacionado con la emisión de gases de efecto invernadero, que aumentan debido a las actividades industriales. Pero es posible que esta tendencia tenga también un origen natural.

Actuar a escala global

Cerca de 170 países han firmado el protocolo de Kyoto, en el que se comprometen a reducir la emisión de gases de efecto invernadero. Pero algunos países todavía se niegan a hacer un esfuerzo.

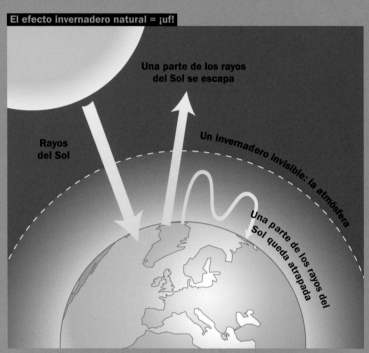

El efecto invernadero natural = ¡uf!

Una parte de los rayos del Sol se escapa

Rayos del Sol

Un invernadero invisible: la atmósfera

Una parte de los rayos del Sol queda atrapada

La atmósfera retiene de forma natural algunos de los rayos del Sol. Es el efecto invernadero. Eso permite a la Tierra mantener una temperatura media de 15 °C.

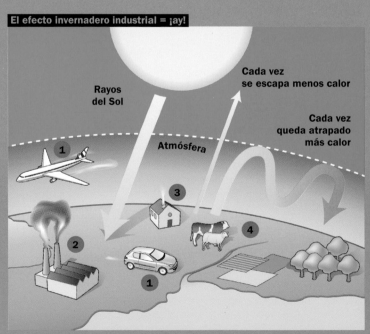

El efecto invernadero industrial = ¡ay!

Rayos del Sol

Cada vez se escapa menos calor

Cada vez queda atrapado más calor

Atmósfera

Algunos gases, como el gas carbónico, aumentan el efecto invernadero. Forman una especie de pantalla que retiene el calor y lo refleja de vuelta a la Tierra.

❶ El queroseno de los aviones y la gasolina de los coches desprenden gas carbónico (CO_2).

❷ Las fábricas desprenden también CO_2 y muchos otros gases.

❸ La combustión del gasóleo, el carbón y el gas que calientan las casas desprende CO_2.

❹ Cuando hacen la digestión, las vacas desprenden metano. La cría de bovinos contribuye a la presencia de este gas en la atmósfera.

A la izquierda, el glaciar del macizo del Mont Blanc fotografiado en 1940. A la derecha, el mismo glaciar en 2003. A causa del calentamiento global el hielo se ha fundido y el glaciar ha retrocedido.

Un calentamiento que provoca escalofríos

En Europa, el calentamiento global podría tener como consecuencia... ¡un frío glacial! En efecto, algunos expertos calculan que el ascenso de las temperaturas podría modificar la Corriente del Golfo. Esta corriente marina caliente, que nace en los trópicos, es la que suaviza el clima del norte de Europa. Si se detiene, tendremos mucho más frío.

Esto es lo que podría pasar si la temperatura aumentase 6 °C de aquí al 2100.

Por efecto del calor, el nivel de los océanos podría aumentar un metro. Algunas islas y ciudades costeras podrían desaparecer.

¿Qué previsiones hay para el futuro?

¿Qué alcance tendrán las emisiones de gases de efecto invernadero en los próximos años? ¿Cuál será la temperatura media dentro de un siglo? ¿Cómo reaccionará la naturaleza? Muchos científicos tratan de responder a estas preguntas. Calculan que el aumento de las temperaturas oscilará entre los 2 y los 4 °C de aquí al 2100. Lo que provocaría una elevación del nivel del mar y un aumento de los fenómenos meteorológicos extremos: inundaciones, sequías, ciclones...

Algunas regiones estarían expuestas a más lluvias, tormentas e inundaciones. En Asia, por ejemplo, los monzones podrían ser más intensos y largos. Otras regiones sufrirían sequías.

Se desarrollarían enfermedades graves como la malaria, la fiebre amarilla o el cólera. Estas enfermedades las transmiten los mosquitos, que proliferarían a causa del calor y la humedad.

Es difícil prever cómo se adaptarían los animales. Algunas especies seguramente se desplazarían hacia regiones más frías, otras desaparecerían.

El cambio climático podría aumentar el nivel de los océanos y hacer desaparecer algunas islas, como las Vanuatu, en el Pacífico.

Y además...

AURORAS POLARES Son una especie de velos multicolores que se desplazan en el cielo. Estos espectáculos fabulosos se producen principalmente cerca de los polos. Están provocados por la entrada en la atmósfera de pequeñas partículas procedentes del Sol. En el Polo Norte se las llama boreales, y en el Polo Sur, australes.

EL TRANS-ALASKA

No es un tren, sino un oleoducto. Como en Alaska hay mucho petróleo, se construyó este oleoducto al aire libre para transportarlo. Es imposible enterrarlo porque el suelo está helado.

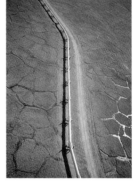

ESCARABAJO ASTUTO

Para beber, el escarabajo del desierto del Namib aprovecha la niebla que se condensa sobre su cuerpo. Las gotas de agua arrastradas por el viento se deslizan hacia su boca.

¿CALIENTE O FRÍO?

Un glaciar cuya temperatura se acerca a los 0 °C se llama caliente. Contiene agua líquida, lo que lo hace móvil. Los demás, completamente helados, son glaciares fríos.

SEBKHAS

En los desiertos existen charcas salinas llamadas sebkhas. Algunas están secas.

Es en estos lugares donde pueden encontrarse rosas del desierto.

LOS BIOMAS

La Tierra se divide en grandes medios naturales, definidos cada uno por un clima, una fauna y una flora específicos. Estos medios también se llaman biomas.

ROSAS DEL DESIERTO

Las rosas del desierto no tienen perfume, pero no se marchitan jamás. Es normal, en realidad son cristales formados a partir de mineral de yeso.

LA PEQUEÑA EDAD DE HIELO

El rey Luis XIV de Francia vivía en un clima más frío que el actual: ¡en invierno, en el palacio de Versalles el vino se helaba en las copas! Este período de frío duró cuatro siglos y acabó hace unos cien años. Se le conoce como «pequeña edad de hielo», y no hay que confundirlo con los «períodos glaciales».

EL PERMAFROST

Es un suelo que permanece helado todo el año. Su superficie se puede descongelar en verano y aparecen plantas. El permafrost estaba muy extendido durante los períodos glaciales.

LOS TORRENTES

Son ríos de montaña alimentados por la fusión de las nieves y por las lluvias. Bajan rápidamente las pendientes erosionando la tierra y arrancando las rocas.

¿DROMEDARIO O CAMELLO?

Esto es un dromedario; solo tiene una joroba. El camello tiene dos.
Tanto el uno como el otro son animales domésticos adaptados al desierto.

¡OJO, ESPEJISMO!

En el desierto los viajeros a veces ven lagos o árboles entre la arena.
Son los espejismos. El ojo cree percibir cosas que no existen. Los espejismos aparecen cuando la temperatura del aire a ras de suelo es muy elevada.

ERGS Y REGS

Los ergs son grandes extensiones de dunas y de arena. En el Sahara hay varios. Cubren el 20 % de su superficie. No hay que confundirlos con los regs, que son espacios llanos y pedregosos. Estos cubren el 80 % del Sahara.

AVALANCHA

Las montañas parecen muy sólidas... Y sin embargo, en 1248 una parte del Mont Garnier, en los Alpes, se derrumbó de repente. Las piedras rodaron hasta el valle y destrozaron algunos pueblos.

ESTRELLA DE PLATA

El edelweiss es la flor más famosa de las montañas. En los Alpes crecen hasta los 3 000 m de altitud. Sus pétalos aterciopelados parecen una estrella de plata. Es muy difícil de encontrar y está protegida: no se puede coger.

LOS GRANDES LAGOS

En la frontera que separa Canadá y Estados Unidos hay cinco lagos que son una muestra de las glaciaciones. Entre dos de estos lagos, Erie y Ontario, están las espectaculares cataratas del Niágara.

EL LAGO TITICACA

Es el mayor lago de América del Sur y el lago navegable situado a más altura. Cuenta con 41 islas, algunas de ellas habitadas.

BOSQUE NUBLOSO

Se forma un bosque nubloso cuando una montaña de las regiones tropicales es muy húmeda y recibe mucha lluvia.

Se lo denomina así porque las nubes se acercan a las cimas de los árboles.

ICEBERG FATAL

Cuando fue construido en 1912, el *Titanic* era el barco más lujoso del mundo. Se hundió en el Atlántico durante su primer viaje. Chocó contra un iceberg de 40 m de altura.

La Tierra de las personas

¿Dónde viven las personas?

En la Tierra viven aproximadamente 6 500 millones de personas. ¡Nunca habíamos sido tantos! Algunas regiones son grandes extensiones deshabitadas; otras, sin embargo, están sumamente pobladas. Un reparto que se debe tanto a la geografía como a la historia.

Las luces de la ciudad

Esta imagen de satélite muestra las zonas habitadas, iluminadas por las luces de las ciudades en los cuatro continentes habitados.
Pero no permite hacerse una idea de la distribución exacta de las personas en la Tierra.

Poblamiento y desarrollo

Hay regiones que aparecen a oscuras, pero esto no quiere decir que estén deshabitadas. En China, el país más poblado del mundo, la mayoría de la población vive dispersa en el campo y emite poca luz.

Zonas poco habitadas

Las zonas poco habitadas son generalmente las regiones en que la geografía hace la vida más difícil. Es el caso de las altas montañas como el Himalaya, los desiertos como el Sahara, la selva amazónica, las regiones polares...

Con 1 300 millones de habitantes, China es el país más poblado del mundo.

Grandes diferencias

En los países en vías de desarrollo la población es joven y sigue aumentando. En Níger, por ejemplo, la mitad de los habitantes tiene menos de 15 años. En los países ricos, la población es globalmente estable y más bien mayor.

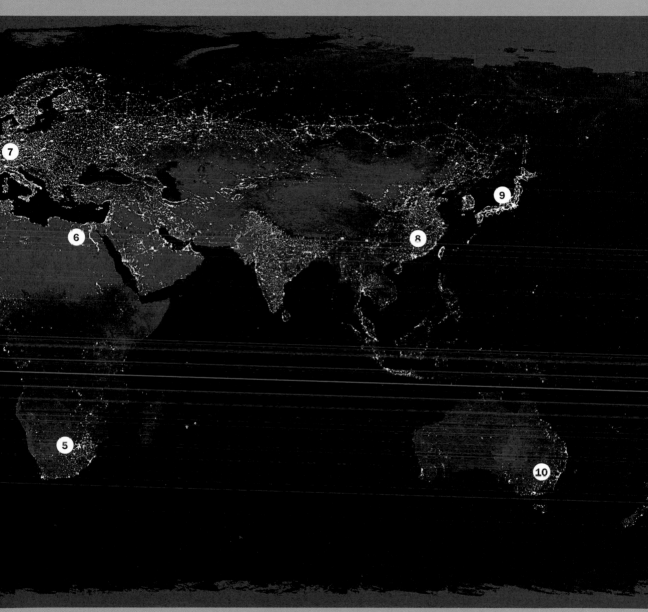

El peso de la historia

La historia también permite comprender la distribución de las personas en el mundo. En Estados Unidos, los emigrantes europeos fundaron las primeras ciudades en la costa este. Esta es todavía la parte más poblada del país.

Regiones muy habitadas

El 70% de las personas se concentra en el 12% de la superficie de los continentes. Los espacios muy poblados están a menudo a la orilla del mar. Son regiones dinámicas, que incluyen algunas de las mayores ciudades del mundo.

Para identificar las zonas iluminadas

1. California
2. La costa este de Estados Unidos
3. São Paulo y Río de Janeiro
4. Buenos Aires, en Argentina
5. Johannesburgo, en Sudáfrica
6. El valle del Nilo y la ciudad del Cairo
7. Europa
8. De Cantón a Shangai, en China
9. Tokio, Osaka y Kobe, en Japón
10. Sydney, en Australia

Vivir en zonas rurales

Las zonas rurales se refieren a todo aquello que no es ciudad. Lo primero en que pensamos es el campo, los espacios destinados a la agricultura y la ganadería. Pero las zonas rurales también incluyen los bosques y las montañas, espacios que aprovechamos para el ocio.

Agricultor, el oficio más antiguo

Una de cada dos personas vive en el campo y se dedica a la agricultura. La inmensa mayoría vive en países poco desarrollados, a veces en regiones de difícil acceso.

La agricultura tradicional

La agricultura es la actividad principal de una gran parte de los países pobres. Los campesinos, que trabajan en pequeñas superficies, tienen una producción escasa. Les permite alimentarse, pero no es suficiente para modernizar sus herramientas. Es la agricultura de subsistencia.

La civilización del arroz

Los principales núcleos de población corresponden a grandes civilizaciones agrícolas. En el sudeste asiático y la India, la población ha aumentado gracias al conocimiento muy antiguo de sistemas de irrigación y al cultivo del arroz. Este cereal, que necesita una mano de obra importante, es todavía hoy la base de la alimentación.

La agricultura moderna

Desde el siglo XIX los agricultores de los países ricos utilizan abonos y potentes máquinas. Irrigan los campos y seleccionan las semillas... Esta evolución ha permitido mejorar el rendimiento. Hoy en día, la cosecha de un cultivador de cereales puede alimentar hasta 300 personas.

A diferencia de la agricultura moderna, la agricultura de subsistencia sigue necesitando una mano de obra importante.

Esculpido por el río Colorado, el Gran Cañón es la garganta más espectacular del mundo. Es también uno de los parajes clasificados como patrimonio de la humanidad por su belleza natural.

¿Dónde termina el campo?

Las zonas rurales se encuentran apartadas de la ciudad. ¡Pero las ciudades no son tan fáciles de definir! En efecto, cada vez son más grandes y no es fácil saber dónde se detienen. Este fenómeno es el que se conoce como «periurbanización». Se explica por la mejora de las redes de transporte, que permiten ir a trabajar a la ciudad aunque se viva en el campo.

Paisajes espectaculares

Las zonas naturales siempre son impresionantes. Por eso se las protege para que no se degraden. Pueden ser patrimonio mundial de la humanidad o parque nacional o reserva natural. Son importantes centros turísticos.

Hacia nuevas actividades

En los países donde se practica una agricultura moderna, el número de agricultores ha disminuido. Algunos se han ido a la ciudad, otros se dedican a nuevas actividades, como el ocio o el turismo.

¡Viva el campo!

A la inversa, cada vez más habitantes de las ciudades de los países desarrollados van al campo a pasar el fin de semana o las vacaciones. Algunos alquilan o compran casas que quedaron vacías tras la marcha de los agricultores.

En la montaña, los agricultores han desarrollado nuevas actividades relacionadas con la práctica de deportes de invierno... o de verano.

Vivir junto al mar

La orilla del mar, o la costa, son espacios muy atractivos. En ellos vive aproximadamente el 20% de la población mundial. Allí se encuentran zonas industriales, puertos, centros turísticos... y algunas de las mayores ciudades del mundo.

El puerto de Rotterdam, en Holanda, está situado en la desembocadura del Rin. Es el mayor de los puertos europeos.

Zonas muy pobladas

Los litorales se hallan entre los espacios más densamente poblados del planeta. Algunas de las mayores ciudades están situadas junto al mar: Tokio, Nueva York, Bombay, Buenos Aires...

Centros de comercio

Los litorales son zonas de contacto entre la tierra y el mar. Son, pues, importantes centros de intercambio. Consumimos muchos productos fabricados fuera y transportados en barco. Las mercancías transitan por los puertos, auténticos ejes del comercio mundial.

Centros industriales

En algunos casos, los productos que llegan a los puertos son manipulados antes de enviarlos a tierra. Las orillas del mar son también zonas industriales que cuentan, por ejemplo, con fábricas petroquímicas o conserveras para preparar el pescado fresco.

En los puertos más pequeños, como este de Grecia, la pesca es esencial.

Surfers Paradise, en Australia: un centro turístico creado para el disfrute de los amantes del surf.

La sal, oro blanco de las costas

El cultivo de sal procedente del agua del mar es una importante actividad en algunos litorales. Se practica desde la Antigüedad. Las explotaciones son más o menos grandes: salinas industriales o artesanales.

El turismo, un nuevo oro

Hasta el siglo XIX, las costas daban miedo. Después apareció la moda de los baños de mar. Desde principios del siglo XX, el turismo de playa es muy importante.

Espacios que hay que proteger

Las orillas del mar son frágiles. Están sometidas a las tormentas, pero también a la degradación de las actividades humanas. En varios países se han creado organismos encargados de protegerlas.

Costas poco acogedoras

No todos los litorales son acogedores...
La desembocadura del Amazonas, en Brasil, por ejemplo, está llena de extensos bancos de barro arrastrado por el río. La costa está cubierta de manglares, un bosque tropical nada hospitalario. Y, a pesar de todo, los colonos europeos, llegados por mar, se instalaron allí. La ciudad de Belém cuenta hoy día con 1,2 millones de habitantes.

Las playas de Troville y de Deauville, en Normandía (Francia) fueron de las primeras en conocer el desarrollo del turismo de playa.

Tierra ganada al mar: los pólderes

Las costas que quedan cubiertas de agua con la marea alta son muy fértiles. Desde la Edad Media estos espacios se han desecado para hacerlos cultivables. Estas tierras ganadas al mar se llaman pólderes. Actualmente se construyen para instalar fábricas o aeropuertos.

Los Países Bajos, tierra de pólderes

Desde hace mucho tiempo los ingenieros holandeses ganan terrenos al mar. Para impedir que la marea alta inunde los litorales bajos, han construido diques. Después, para secarlos y hacerlos cultivables, han evacuado el agua con la fuerza de los molinos de viento. Por eso los Países Bajos son famosos por sus molinos. Las tierras de los pólderes son mucho más fértiles a causa de los finos depósitos de limo traídos por el agua del mar. En ellas se cultivan flores y verduras.

Los pólderes industriales

Desde hace mil años, en Europa, unos 15 000 km² de ciénagas se han convertido en pólderes. Actualmente, en las costas en que falta espacio, se crea un nuevo tipo de pólderes, en los que se construyen sobre todo fábricas o aeropuertos.

La despolderización

Desde hace poco, los europeos «destruyen» los pólderes dejando entrar el mar. Estos espacios vuelven a convertirse en ciénagas. ¿Cuáles son los motivos de esta vuelta atrás?
En primer lugar, porque esas tierras ya no son necesarias para la agricultura y por razones ecológicas: la polderización ha alterado la fauna y la flora de las costas.

¿Cómo funcionan los pólderes?

❶ El mar.

❷ Un dique frente al mar.

❸ El dique tiene agujeros para dejar salir el agua de los canales.

❹ Un pólder litoral. Puede estar situado junto al mar, aproximadamente a 50 cm por debajo del nivel del mar.

❺ Un pólder interior. Está situado a 4 metros por debajo del nivel del mar, en el emplazamiento de un antiguo lago.

❻ Dos diques rodean el pólder interior.

❼ Un canal corre entre los dos diques: recoge el agua bombeada del pólder interior para evacuarla hacia el mar.

❽ Un molino de viento. En los Países Bajos se ha utilizado durante mucho tiempo la fuerza del viento para accionar los sistemas de bombeo. Actualmente, las bombas funcionan con petróleo o electricidad.

❾ Los canales llevan el exceso de agua al mar.

❿ Una ciénaga litoral natural.

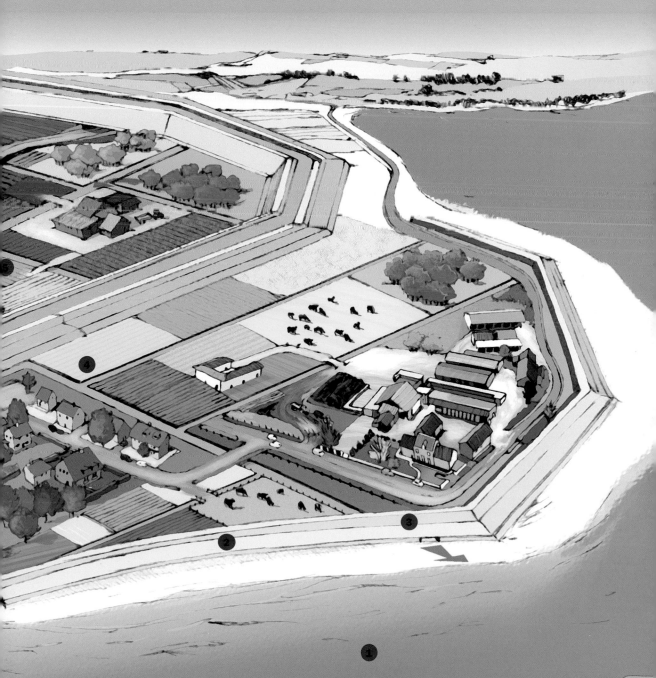

127

Vivir en la ciudad

Las ciudades son espacios habitados en los que se concentra un gran número de equipamientos: comercios, escuelas, hospitales, servicios de policía, cines... Estas infraestructuras atraen a mucha gente, que abandona el campo buscando trabajo y una calidad de vida mejor.

Una ciudad se define por sus equipamientos. En la mayoría de ciudades encontramos:

❶ Calles comerciales.

❷ Una estación, y a veces un aeropuerto.

❸ Transportes públicos.

❹ Un hospital.

❺ Una escuela, centros de enseñanza secundaria, y a veces una universidad.

❻ Centros de oración: iglesia, templo, mezquita...

❼ Oficinas.

❽ Fábricas.

❾ Un museo, un teatro, un cine...

❿ Barrios residenciales.

⓫ Un cementerio.

⓬ Servicios de seguridad: policía, bomberos...

⓭ Instalaciones deportivas: estadio, gimnasio...

⓮ Servicios de mantenimiento, sobre todo para las basuras.

⓯ Supermercados.

⓰ El subsuelo de la ciudad también está ocupado. En él se encuentran cables (electricidad, teléfono, Internet, televisión), conductos de gas y de agua, y el alcantarillado, que evacua las aguas residuales.

Los animales salvajes que viven en la ciudad

En la ciudad viven muchos animales. En París pueden encontrarse mariposas nocturnas, tortugas, ranas y 200 especies de aves: halcones, golondrinas, petirrojos... Todavía más sorprendente: la calidad del agua del Sena permite que en el río vivan numerosos peces: lucios, peces gato, truchas... Quedan los mamíferos. En plena ciudad solo sobreviven las ratas. Pero en los parques hay ardillas, conejos...

El desarrollo de las ciudades

Desde hace mucho tiempo, las personas abandonan las zonas rurales y se instalan en la ciudad. Mayoritariamente son agricultores que no pueden vivir o viven mal de sus cultivos. Esperan encontrar en la ciudad trabajo y más comodidades. Este fenómeno, llamado éxodo rural, ha afectado y afecta todavía a todos los países del mundo. En 1950, un tercio de la población mundial vivía en las ciudades. Actualmente, es más de la mitad.

Las dificultades de los países pobres

Con la llegada de nuevos habitantes, las ciudades de los países pobres crecen muy deprisa. Son difíciles de gestionar. La recogida de basuras, la distribución del agua y de la electricidad, la construcción de viviendas y de escuelas son insuficientes. No pueden satisfacer las necesidades de todos los habitantes.

El bienestar de los países ricos

A partir del siglo XIX, las condiciones de vida en las ciudades de los países desarrollados han mejorado. Antes las aguas residuales corrían por las calles, nadie recogía la basura, las ratas transmitían enfermedades. Además, los alimentos procedentes del campo se conservaban mal... Actualmente, la vida en las ciudades es mucho más sana y agradable. Hay parques para pasear, autobuses para desplazarse, cines para distraerse y escuelas para aprender.

Las megápolis

Las megápolis son las ciudades más grandes del mundo: cuentan con más de 8 millones de habitantes. Con sus universidades y sus fábricas, tienen un importante papel intelectual y económico. Algunas también son sede del poder político.

Los barrios de negocios de Delhi, en la India, y de Pequín, en China, han sido construidos siguiendo el modelo de los

Las diez mayores ciudades del mundo

Cada vez mayores

En 1950 solo existía una ciudad con más de 10 millones de habitantes: Nueva York. Actualmente hay veinticinco. La ciudad más grande del mundo es Tokio, con 34 millones de habitantes. A continuación le siguen Nueva York, México, Seúl, São Paulo, Yakarta, Delhi, Bombay, Los Ángeles, El Cairo, Shangai, Calcuta, Buenos Aires, Manila, Moscú, Teherán, Dacca, Río de Janeiro, Estambul, Pequín, París, Chicago, Karachi, Lagos y Londres.

El caso de Asia

Más de la mitad de las ciudades más grandes del mundo están en Asia, donde también se encuentra la megalópolis Osaka-Kobe-Kyoto. Pese a ello, en la India y en China el campo sigue estando muy poblado.

Las megalópolis, ciudades mundiales

Cuando varias ciudades vecinas crecen mucho, sus suburbios acaban juntándose, formando una megalópolis. La más célebre se encuentra en Estados Unidos: a lo largo de 1 000 km, de Boston a Washington, pasando por Nueva York, Filadelfia y Baltimore, la ciudad no se interrumpe nunca. Esta gigantesca conurbación alberga a 50 millones de habitantes. Su influencia es mundial.

El distrito de negocios

El distrito de negocios de la mayoría de las grandes ciudades se presenta como una serie de rascacielos. Agrupa las oficinas de las empresas y está muy animado durante el día. Por la noche las calles se quedan vacías, pues casi nadie vive allí.

El centro histórico

En algunas ciudades europeas, el distrito de negocios está cerca del centro histórico de la ciudad. Así, París tiene dos «corazones» económicos: un centro histórico alrededor de la Bolsa, y el barrio moderno de la Défense.

Bloques de viviendas en Moscú, una megápolis europea de más de 12,6 millones de habitantes.

barrios de Midtown y Downtown, en la isla de Manhattan, en Nueva York.

Un barrio de barracas de Bangkok, en Tailandia, a dos pasos del centro de la ciudad.

Los barrios residenciales

Alrededor del centro de la ciudad se extienden los barrios residenciales. Pueden presentar aspectos muy diferentes, según la cultura y la historia de la región: grandes torres, edificios de tres pisos, pequeñas casas con jardín...

Distintos ambientes

Antiguamente, las ciudades podían estar organizadas en función de los oficios de sus habitantes. Actualmente, las megápolis americanas, que acogen a muchos extranjeros, se organizan en función de los orígenes: los neoyorquinos originarios de China viven en China Town, los procedentes de Italia en Little Italy... Además, existen a menudo barrios residenciales marginados, donde viven familias que no pueden pagar una vivienda en un barrio más agradable.

Los barrios de chabolas

En los países pobres, las zonas desfavorecidas toman la forma de barrios de chabolas. Algunos están lejos del centro; otros, en medio de la ciudad. Las casas están hechas de ladrillos, chapa o uralita. A menudo no tienen agua corriente ni electricidad, y no hay recogida de basuras. Los habitantes son muy pobres.

Zoom sobre Los Ángeles

Los Ángeles, conocida como L.A., es una ciudad gigantesca. Es famosa por sus lujosas avenidas. Pero vivir en L.A. significa, sobre todo, necesitar coche para ir a la escuela, a comprar el pan o a visitar a un amigo al otro lado de la ciudad... ¡a más de 100 km!

En el centro de la ciudad solo hay oficinas. Aquí, el ayuntamiento de L.A.

La ciudad es tan extensa que la gente se tiene que desplazar en coche.

L.A. acogió los Juegos Olímpicos de 1932 y de 1984.

El «Walt Disney Concert Hall» es un centro cultural construido en 2003 y que lleva el nombre del creador de Mickey Mouse.

Barrio mexicano y guitarras de colores. ¡L.A. lo forman varios mundos!

Beverly Hills: aquí es donde viven las estrellas del cine y la televisión.

El castillo de la Bella Durmiente, centro de Disneyland.

Los Ángeles se extiende cada vez más por la costa del Pacífico.

L.A. es la ciudad de las estrellas y del cine.

Hollywood es el barrio más célebre de Los Ángeles. Las películas rodadas aquí se exportan a todo el mundo.

Las grandes construcciones

Trazar caminos, construir puentes, dominar los ríos... desde hace mucho tiempo el ser humano da forma al territorio. Para ganar espacio o para marcar época, también construye suntuosos monumentos.

Hagamos un recorrido por alguna de las grandes construcciones.

Estos cables se llaman OBENQUES. Impiden que el puente se deforme. Para construirlos, fueron necesarias 4 000 toneladas de acero.

Los PILONES sirven para sostener los cables. Están situados sobre los pilares y miden 87 m de altura.

La carretera por la que circulan los coches descansa sobre una base de acero llamada PISO. Mide 32 m de ancho y 4,20 m de grosor. Pesa 36 000 toneladas: ¡cuatro veces la torre Eiffel!

¿Cómo se construyó el puente?

Taller de montaje

Piso

Taller de montaje

Río Tarn

❶ El piso se construyó a ambos lados del valle, en un taller de montaje.

❷ Entre dos pilares se instalaba un pilar provisional.

Las pirámides de Egipto se construyeron en tiempos de los faraones. Eran tumbas reales.

Como muchos monumentos, el templo de Angkor, en Camboya, es un edificio religioso.

El templo de la Sagrada Familia, en Barcelona, iniciado en 1884, todavía está en construcción.

EL PUENTE DE MILLAU permite que los coches puedan atravesar en trece minutos el valle del Tarn, en el sur de Francia. Antes de su construcción, en 2005, se requerían tres horas. Este puente es uno de los más altos del mundo: mide 343 metros de altura y 2460 metros de largo. ¡Pero solo se han necesitado tres años para construir este gigante de acero y hormigón!

Los PILARES son los «pies» del puente. Hay siete. El más alto mide 245 m.

❸ Las secciones del piso con los pilones montados se van empujando con máquinas sobre el vacío. Durante su avance, las sostienen los pilares y los pilares provisionales.

Comunicar a las personas

Para viajar más deprisa y más lejos se construyen carreteras, puentes, túneles... El año 2006, en Asia se inauguró la línea de ferrocarril más alta del mundo. Tiene 100 km de longitud y pasa por las tierras heladas del altiplano del Tibet, a 5072 m de altitud.

Desarrollar el comercio

El canal de Suez tiene más de cien años. Tiene 163 km de longitud y permite a los barcos ir de Europa a Asia sin tener que rodear África. ¡Es un ahorro de tiempo formidable! El canal de Panamá es igual de útil. Comunica el Pacífico y el Atlántico a la altura de América Central. 14000 barcos lo atraviesan cada año. Pero con el aumento del comercio mundial hay atascos. Así pues, se tendrá que ampliar. Está previsto que las obras duren ¡ocho años!

Dominar la naturaleza

Para hacer frente a la cólera de la Tierra se construyen edificios antisísmicos, diques contra los tsunamis... Algunas construcciones también permiten utilizar las fuerzas de la naturaleza. La presa de las Tres Gargantas, en China, además de contener el río Yang-tse, tiene que producir electricidad. Las obras debían estar acabadas en 2008.

Acondicionar las ciudades

Cuando no se dispone de espacio suficiente, ¡se puede construir hacia arriba! Con sus 381 metros, el Empire State Building de Nueva York parecía todo un gigante cuando lo inauguraron en 1931. Posteriormente, el récord se ha batido varias veces. La Torre Taipei 101, en Taiwan, que mide 508 metros, es la más alta del mundo. Pero hay otros proyectos en curso; entre ellos, una torre de 705 metros en Dubai.

¿Hay peligro?

Estas construcciones no están exentas de peligros. ¿Cómo resistirán los rascacielos construidos en zonas sísmicas? ¿Cómo limitar la contaminación y los accidentes cuando miles de camiones atraviesan un túnel? ¿Cómo reaccionará la naturaleza a la construcción de presas gigantescas como la de las Tres Gargantas?

Desplazarse

El ser humano nunca había viajado tanto como hoy. Los medios de transporte modernos permiten ir cada vez más lejos, cada vez más deprisa. La gente se desplaza para ir a trabajar, para hacer la compra, para ir de vacaciones... o porque cree que vivirá mejor en otra parte.

En África mucha gente se desplaza a pie siguiendo las carreteras o los caminos de tierra. Andar es un modo de desplazamiento muy frecuente.

Andando

En los países pobres los desplazamientos resultan complicados. La mayoría de las veces las carreteras se encuentran en mal estado y tener coche es demasiado caro. Mucha gente, pues, debe caminar para ir al trabajo o a la escuela, al mercado o al pozo. En los países ricos, la costumbre de andar se había perdido, pero ahora vuelve a estar de moda. Es un modo de desplazamiento sano para quien lo practica y respetuoso con el medio ambiente.

En coche

El coche es el principal medio de transporte. En un siglo, ha ganado un espacio considerable en la vida de las personas: ¡actualmente, se fabrican mil veces más coches que a principios del siglo xx! Cada año se venden millones.
En los países ricos, hay casi tantos coches como habitantes.
En cambio, en los países en vías de desarrollo pocos habitantes tienen un coche particular.

En transporte público

En los países más pobres los transportes públicos son, pues, muy utilizados tanto para las distancias largas como para las cortas: trenes, autobuses, taxis colectivos... Estos medios de transporte existen también en los países ricos. Son económicos y confortables, y la mayoría de las veces menos contaminantes que los coches particulares. Algunos, como los autobuses rojos de Londres, se han convertido en el símbolo de su ciudad.

El turismo

La mejora de los medios de transporte ha permitido desarrollar una nueva industria: el turismo. En verano millones de europeos van hacia las costas del Mediterráneo en coche o en tren. Se producen entonces enormes atascos en las autopistas y en las estaciones. Con el desarrollo de las compañías de bajo coste, el avión es también cada vez más utilizado. Es posible viajar al otro extremo del mundo en pocas horas, e incluso territorios muy aislados pueden convertirse en zonas turísticas.

La contaminación

¡Tanto si se viaja por trabajo como por placer, en la Tierra hay muchos desplazamientos! Estos desplazamientos, cada vez más numerosos, tienen efectos secundarios: contaminación y gran consumo de petróleo, una energía no renovable.

Atasco en una autopista un día de operación salida de vacaciones.

Hoy día, puede cogerse el avión para viajar al otro extremo del mundo.

De la diligencia al avión...

Actualmente nos desplazamos con más facilidad y rapidez que en el pasado. En 1780, para cubrir el trayecto París-Marsella, es decir, 863 km, se requerían trece días en diligencia. En 1855, este mismo trayecto, pero en tren, duraba un poco más de diecinueve horas. Hoy se tardan tres horas en TGV, o una hora en avión, en ir de una ciudad a otra.

Viajar en tren

La invención del tren de vapor en el siglo XIX cambió completamente los desplazamientos de las personas.

Se puede circular en tren en casi todos los países del mundo, incluso en plena montaña.

Hay líneas ferroviarias muy famosas, como el Transiberiano, la línea más larga del mundo.

Japón fue el primer país en construir trenes de alta velocidad. El TGV japonés es uno de los trenes más modernos del mundo.

La emigración

Siempre ha habido personas que se han marchado de sus países huyendo de una sequía, de una guerra o para encontrar trabajo. Hoy en día, algunos habitantes de países pobres intentan instalarse en países ricos o escapar de una dictadura: emigran. Para los que llegan clandestinamente a su nuevo país, el viaje es difícil. Recorren miles de kilómetros escondidos en el interior de camiones o atraviesan los mares a bordo de embarcaciones minúsculas.

Transportar mercancías

Camiseta fabricada en China, café de Colombia, muebles suecos, refrescos americanos... basta con pasear por un supermercado para darse cuenta de cómo circulan las mercancías de un país a otro. ¡Y, la mayoría de las veces, viajan «en contenedor»!

La vida de un contenedor

A la salida de una fábrica china, se cargan en un contenedor televisores, ordenadores y monitores. El contenedor sale en tren hacia el puerto.

El contenedor pasa directamente del tren al barco sin abrirse. Unas grandes grúas efectúan el traslado.

Veinte días después, el barco llega a un puerto europeo. Desembarcan el contenedor para cargarlo en un camión.

El camión llega a un almacén. Es allí donde abren el contenedor: los televisores, los monitores y los ordenadores saldrán por separado hacia su destino final.

Con 21 millones de contenedores manipulados en 2004, Singapur es el segundo puerto de contenedores del mundo.

El desarrollo del comercio

Los hombres comercian desde la Antigüedad, entre ciudades, entre países, entre continentes. La modernización de los medios de transporte ha hecho estos intercambios más rápidos y los ha extendido a todas las regiones del mundo.

Los grandes aeropuertos son también puntos de enlace entre los transportes aéreo, ferroviario y por carretera.

Los camiones

Aproximadamente el 80% de los contenedores se cargan en un camión al llegar a puerto. Este medio de transporte tiene las ventajas de ser flexible y no muy caro, pero es contaminante y peligroso. Siempre puede haber accidentes de tráfico. Por eso, actualmente se intenta desarrollar el transporte de mercancías por ferrocarril.

La revolución del contenedor

El contenedor, inventado en 1935, supuso un cambio radical en el transporte de mercancías. Estas cajas de acero tienen todas el mismo tamaño. Esto permite cargarlas en un tiempo récord en un barco, una barcaza, un tren o un camión. En un puerto, por ejemplo, hacen falta menos de 24 horas para vaciar un barco de 9 400 contenedores.

El contenedor: ficha de identidad

Hay en circulación cientos de miles de contenedores. Casi todo lo que compramos ha sido transportado en uno de ellos.
Cada contenedor pesa 2 toneladas y puede contener 120 televisores, 800 lectores de DVD, 8 000 botellas de refresco o 32 000 paquetes de café.

Los barcos

Los mayores barcos portacontenedores navegan a 45 km /h y miden 350 m de largo. Pueden embarcar 9 400 contenedores o 94 000 toneladas de mercancías. Puestas una detrás de otra, estas cajas medirían...
¡160 km de largo!

Las barcazas

Una vez descargados los contenedores en los puertos marítimos, se pueden transportar en barcazas por los ríos y los canales que los comunican. Este sistema de transporte, sin embargo, no es muy utilizado.

Los trenes

Los trenes solo transportan el 10% de los contenedores. Se han puesto en marcha diferentes proyectos para ayudar a desarrollar este medio de transporte de mercancías.

http://www.internet

Desde mediados de 1990 Internet ha revolucionado las comunicaciones. Hay cientos de miles de personas conectadas a la red. Intercambian informaciones en tiempo real. Chatean, intercambian correos y compran productos en línea, a veces directamente al fabricante. Para el transportista, se trata entonces de entregar la mercancía correcta al cliente correcto y en el plazo establecido.

Los portacontenedores y los petroleros son barcos gigantescos.

Y además...

¡MODELOS!

En España hay más de cien parques naturales que protegen grandes espacios naturales habitados.

China se inspira en este modelo para crear sus parques naturales.

LAS COSTAS, TERRITORIO VACÍO

Durante mucho tiempo, el ser humano ha tenido miedo a las costas. Hasta el siglo XIX, los litorales fueron espacios muy poco habitados.

VAUBAN, EL CONSTRUCTOR

Vauban, arquitecto militar francés del siglo XVII, en una época en que las guerras eran frecuentes, construyó decenas de fortalezas para proteger el territorio. Su ambición era convertir Francia en un «jardín» protegido por un cinturón de fortalezas.

SAL DE MAR

La sal marina se utiliza desde la Prehistoria para sazonar y conservar los alimentos. Se obtiene por evaporación del agua del mar en lagunas poco profundas llamadas salinas.

INEXPUGNABLE TROYA

Según los relatos del poeta griego Homero, la ciudad de Troya estaba bien protegida por sólidas murallas. Tanto, que los guerreros griegos asediaron la ciudad durante diez años inútilmente. Para entrar tuvieron que recurrir a la astucia, escondiéndose dentro de un gran caballo de madera.

EL EMPIRE STATE BUILDING

Construido en 1931 en el corazón de Manhattan, es uno de los símbolos de la ciudad de Nueva York. Esta torre, con sus 381 metros de altura (443 contando la antena), fue durante mucho tiempo la más alta del mundo.

VIVIR BAJO EL MAR

Ante las costas de Florida, los americanos han construido una

estación submarina llamada Aquarius. Situada a 24 metros de profundidad, puede acoger a seis científicos en misiones de diez días. Casi aislados del mundo, los acuanautas investigan sobre los océanos y los recursos costeros.

EL EUROTÚNEL

Desde 1994, un túnel une Francia e Inglaterra. Esta obra, de 50 km de longitud, 37 de los cuales están bajo el Canal de la Mancha, es una auténtica obra de ingeniería. Dos enormes máquinas lo excavaron en la roca a 40 m por debajo del fondo del mar. Permite ir de París a Londres en tren en solo 2 h 40 min.

GRANDES PARQUES EN LAS CIUDADES

Hyde Park en Londres, Central Park en Nueva York, el Tiergarten en Berlín... son muchas las metrópolis que disponen de grandes zonas verdes que permiten a los ciudadanos pasear, descansar o hacer deporte.

LAS ISLAS PÓLDERES

En Emiratos Árabes Unidos se construyen islas pólderes para acoger complejos turísticos. «Palm Islands», por ejemplo, es un conjunto de tres islas artificiales, de arena, en forma de palmera.

LOS FAROS

Los faros guían a los barcos en la noche con sus potentes señales luminosas. Actualmente la mayoría están automatizados y deshabilitados.

LOS PRIMEROS BAÑOS DE MAR

Los ingleses fueron los primeros en aficionarse a los baños de mar, en el siglo XVIII. Al principio la gente se bañaba por razones médicas. La moda se extendió posteriormente a las playas francesas del norte y de Normandía, como Deauville y Trouville.

EL CANAL DE CORINTO

Esta vía navegable de 22 metros de anchura, construida entre 1883 y 1893, une el mar Jónico y el Egeo, en Grecia. Cada año la atraviesan 10 000 barcos.

LA BAHÍA DE NÁPOLES

La bahía de Nápoles, en Italia, es una de las más bellas del mundo. Está enmarcada por la ciudad de Nápoles y dominada por el Vesubio.

CEMENTERIOS AJARDINADOS

En las ciudades los cementerios también son zonas verdes.
Algunos cementerios están declarados monumentos, como por ejemplo el Père Lachaise, el mayor cementerio de París.

NAJAC, NUEVA VILLA MEDIEVAL

Najac, en Francia, es una de las ciudades medievales fortificadas que fueron construidas durante los siglos XIII y XIV, muchas veces a partir de un plano cuadriculado.
En el suroeste de Francia hay entre 300 y 400.

EN LA ESQUINA DE LAS CALLES 3 Y 4

En Estados Unidos algunas calles no tienen nombre, sino número. La calle más famosa de Manhattan, en Nueva York, se llama simplemente Quinta Avenida.

HAUSSMANN CAMBIA LA CIUDAD

En el siglo XIX, el barón Haussmann modernizó la ciudad de París. A él se debe la creación de grandes avenidas, parques y alcantarillado.

Explorar la Tierra

Imaginar la Tierra

Desde la Antigüedad, el ser humano ha intentado averiguar cómo es nuestro planeta. ¿Plano o redondo? ¿Qué hay al otro lado del mar? ¿Por qué el Sol se desplaza por el cielo? Con el paso del tiempo las respuestas se han ido concretando.

La forma de la Tierra

Hasta el siglo IV antes de Cristo los hombres creían que la Tierra era plana. Más adelante, los sabios griegos dedujeron que era redonda.
Pero hubo que esperar al siglo XVI para que alguien le diese la vuelta.

¿Plana o redonda?

❶ En el siglo VI a.C., en Mesopotamia, los habitantes de Babilonia creen que el agua rodea la Tierra, pero también el cielo.

❷ En la misma época, Tales, un sabio griego, piensa que la Tierra es plana y que está rodeada por un océano. Flota dentro de una esfera de la que cuelgan las estrellas.

❸ En el siglo IV a.C., el filósofo griego Aristóteles demuestra que la Tierra es redonda gracias a la observación del movimiento de los astros en el cielo.

La Tierra en el centro del universo

El hombre comprende que la Tierra es redonda, pero durante mucho tiempo sigue pensando que está inmóvil. En el siglo II a.C. el griego Ptolomeo escribió un libro de astronomía. En él sitúa la Tierra en el centro del universo. El Sol y los demás planetas giran a su alrededor. Este sistema se llama geocentrismo, ya que *geo* significa 'Tierra' en griego. Esta teoría se mantendrá durante catorce siglos.

El sistema geocéntrico

La Tierra, situada en el centro del universo, está inmóvil.

Los millones de estrellas están agrupadas en la franja del zodíaco, que divide el cielo en doce partes iguales.

El Sol y la Luna, así como los cinco planetas conocidos en la época (Mercurio, Venus, Marte, Júpiter y Saturno) giran alrededor de la Tierra.

El universo gira alrededor de un eje que pasa por los polos Norte y Sur de la Tierra.

El Sol en el centro del universo

En 1543 el astrónomo polaco Nicolás Copérnico afirmó que el Sol está en el centro del universo, y que la Tierra y los demás planetas giran sobre sí mismos y a su alrededor. Este sistema se llamó heliocentrismo, ya que *helios* quiere decir 'Sol' en griego. Nadie creyó la explicación de Copérnico, pero un siglo más tarde, las observaciones del danés Tycho Brahe, primero, y las de Galileo, después, confirmaron sus análisis.

Galileo, un físico extraordinario

Galileo nació en Pisa, Italia, en 1564. Su padre era comerciante de tejidos y músico. En la universidad, Galileo estudió medicina y matemáticas, pero no llegó a graduarse. Aun así, se convirtió en un físico extraordinario. A lo largo de su vida inventó nuevos instrumentos científicos, entre ellos el catalejo astronómico.

«Y sin embargo, se mueve»

Galileo defendió las ideas de Copérnico: la Tierra gira alrededor del Sol. En su época nadie creyó en el sistema heliocéntrico. Este sistema contradecía sobre todo las ideas de la Iglesia, muy poderosa,

Hoy en día: los telescopios

Los catalejos astronómicos de hoy se llaman telescopios. Son potentes instrumentos que sirven para observar el cielo. Nos ayudan a comprender cómo se han formado y cómo evolucionan el universo y la Tierra.
En 1990 se lanzó el Hubble, el primer telescopio espacial. Gira alrededor de la Tierra a 600 km de altitud.

que consideraba que la Tierra estaba inmóvil en el centro del universo. Por ello, Galileo fue juzgado y condenado a prisión perpetua y tuvo que renunciar a sus conclusiones. Seguro de sus ideas, exclamó ante los jueces: «¡Y sin embargo, se mueve!»

Un planeta entre muchos otros

Hoy en día sabemos que la Tierra gira al mismo tiempo sobre sí misma y alrededor del Sol. Nuestro planeta no está ni en el centro del sistema solar, ni en el centro de nuestra galaxia, la Vía Láctea. ¡Sabemos que la Tierra no es el ombligo del universo!

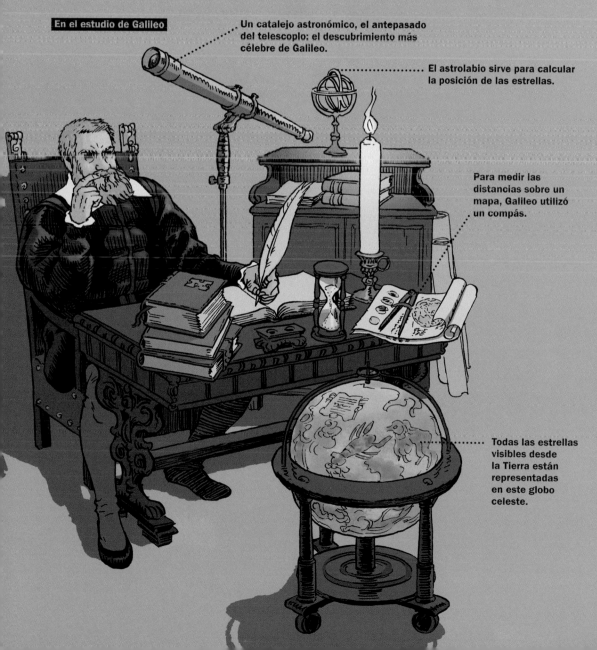

En el estudio de Galileo

Un catalejo astronómico, el antepasado del telescopio: el descubrimiento más célebre de Galileo.

El astrolabio sirve para calcular la posición de las estrellas.

Para medir las distancias sobre un mapa, Galileo utilizó un compás.

Todas las estrellas visibles desde la Tierra están representadas en este globo celeste.

Descubrir los continentes

Hasta finales del siglo xviii aún quedaban tierras por explorar, y los mapas no eran muy exactos. Algunos grandes aventureros emprenden viajes que nos permitirán conocer mejor los continentes.

Los primeros mapas

Los navegantes dibujan los primeros mapas en la Antigüedad. Hasta la Edad Media son muy inexactos. Representan al mismo tiempo imágenes religiosas y dibujos de lo que se conoce del mundo. Algunos de estos mapas reciben el nombre de «T dentro de O», porque se parecen a estas dos letras encajadas. Asia se representa arriba, Europa abajo a la izquierda y África a la derecha. Los continentes están separados por el Mediterráneo y por los dos grandes ríos conocidos: el Don y el Nilo.

El primer atlas moderno

A partir del siglo xvi, los conocimientos geográficos avanzaron gracias a las expediciones de los grandes navegantes, como Cristóbal Colón. Se pueden dibujar mapas cada vez más precisos. El primer atlas moderno se publica en Bélgica en 1570.

Las líneas imaginarias

Para dibujar un mapa hay que «recortar» la Tierra. En primer lugar aparecen los hemisferios norte y sur, separados por el ecuador. Paralelos al ecuador, los paralelos cortan el globo en bandas. Unas líneas lo dividen en secciones verticales: son los meridianos, que pasan por los polos.

Un mapa de «T dentro de O»

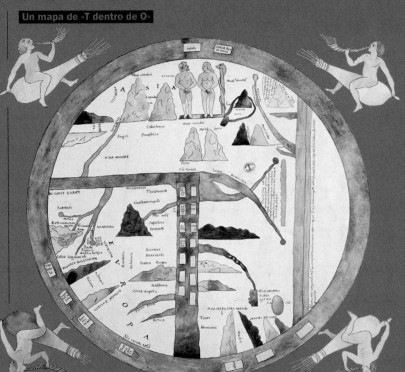

Este mapa data de principios del siglo xii. Representa el mundo conocido según Ptolomeo: Asia (arriba), Europa (abajo, a la izquierda) y África (a la derecha). El Don, un río de Rusia, separa Asia de Europa, y el Mediterráneo separa Europa de África. El círculo azul alrededor de la «O» representa el océano que rodea la Tierra.

Un mapa del mundo de 1583

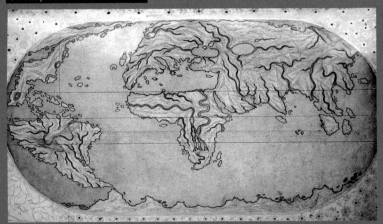

Entre la realización de estos dos mapas han pasado cerca de 450 años. Este es mucho más exacto que el anterior, porque está realizado a partir de los viajes de los grandes navegantes europeos. Las líneas del ecuador y de los trópicos ya aparecen. Pero Australia todavía no está representada: este continente no será descubierto hasta 1768.

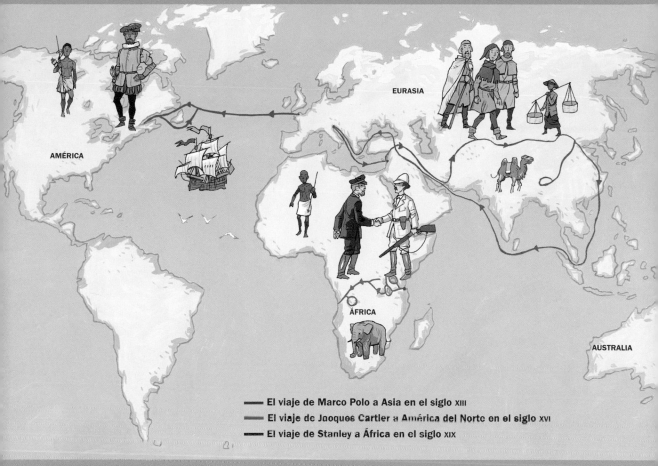

EURASIA

AMÉRICA

ÁFRICA

AUSTRALIA

— El viaje de Marco Polo a Asia en el siglo XIII
— El viaje de Jacques Cartier a América del Norte en el siglo XVI
— El viaje de Stanley a África en el siglo XIX

La exploración de los continentes Los viajes de los grandes aventureros como Marco Polo, Jacques Cartier o Henry Morton Stanley han permitido dibujar mapas más precisos.

Marco Polo, el aventurero

Marco Polo nació en Venecia, Italia, en 1254. A los 17 años acompañó a su tío y a su padre a China, donde iban a hacer negocios. Los tres hombres atravesaron Asia siguiendo la ruta de la seda. Después, Marco Polo llevó a cabo solo durante diecisiete años varios viajes por China por encargo del emperador Kubilai Khan.

Marco Polo, el narrador

Marco Polo no fue el primer europeo que llegó a China.
Su fama viene del relato que escribió de sus viajes por Asia en el *Libro de las maravillas*.
En esta obra describe con precisión los muchos países que atravesó: Turquía, Irak, Irán, Afganistán, China, Mongolia...

Cartier explora Canadá

En 1524, Jacques Cartier zarpó de Saint-Malo, Francia, hacia América del Norte, continente todavía desconocido. Al llegar, descubrió un río gigantesco, que bautizó como San Lorenzo. Guiado por los indios, Jacques Cartier descubrió el interior de un nuevo país: Canadá.

Stanley recorre África

Stanley era periodista. En 1869 viajó a África para localizar al escocés David Livingstone, que había partido en busca de las fuentes del Nilo. En 1871 ambos se encontraron a la orilla del lago Tanganika, en Tanzania. Stanley continuó entonces con sus exploraciones. En 1874 atravesó África de este a oeste.

Hoy en día: los satélites

En los años setenta del pasado siglo las primeras imágenes obtenidas por satélite perfeccionaron nuestro conocimiento de los continentes. Observar la Tierra desde el espacio nos aporta informaciones muy valiosas: se puede conocer con precisión cualquier lugar del planeta, estudiar la evolución del clima, la erupción de un volcán, detectar incendios forestales...

Grandes navegantes

A partir del siglo XV los europeos se hacen a la mar para descubrir el mundo. Estos grandes navegantes sueñan con encontrar tierras desconocidas y nuevas riquezas. Muy pronto las expediciones irán acompañadas por misiones científicas.

En su primera expedición de 1492, Cristóbal Colón capitaneó la nao *Santa María*. En la expedición iban también dos carabelas, la *Pinta* y la *Niña*.

Repartirse el mundo

A finales del siglo XV la geografía del mundo no se conocía bien. Gracias al progreso de la navegación y al poder de los grandes países de Europa, los navegantes se embarcan en expediciones hacia tierras lejanas. Zarpan para explorar tierras desconocidas y ambicionan traer nuevas riquezas: oro y especias, muy apreciadas en la cocina y la medicina. Con estas expediciones, españoles, portugueses, ingleses, franceses y holandeses colonizarán el mundo. Se emprende una carrera entre estos países, que codician el máximo número posible de territorios.

El descubrimiento de América

De muy joven, Cristóbal Colón se apasionó por la navegación. Creía que solo 5 000 km separaban Europa de las Indias, y quiso navegar hasta allí. En 1492 abandonó España y navegó hacia el oeste. Tras un mes de viaje descubrió una isla, que creyó que era las Indias. En realidad, acababa de descubrir América.

Descubrimientos en cadena

En 1498 el portugués Vasco da Gama descubre la auténtica ruta marítima de las Indias tras rodear África por el sur. En 1519 otro portugués, Magallanes, da la primera vuelta al mundo.

Instrumentos de navegación

El reloj de arena es un instrumento lleno de arena que se vacía en media hora. Sirve para medir el tiempo.

La brújula señala el norte gracias a una aguja imantada. Así el capitán de un barco sabe el rumbo que sigue.

La sonda es una cuerda lastrada con plomo que permite evaluar la profundidad del agua.

Los mapas van mejorando con el paso de las expediciones gracias a las aportaciones de los navegantes.

La ballesta permite calcular la altura de la estrella Polar sobre el horizonte, para conocer la posición de la nave en el mar.

James Cook fue el primer europeo que vio un canguro. ¡Creyó que era una especie de perro grande!

Las grandes travesías de hoy

Actualmente hay muchos navegantes que se lanzan a los océanos para emprender una vuelta al mundo. Su objetivo ya no tiene que ver con los descubrimientos, sino con la proeza deportiva. Algunos participan en la aventura a vela, en solitario o contra los vientos, con escalas o sin, otros atraviesan los océanos a remo...

El dodo es una especie de ave actualmente desaparecida que vivía en las islas del océano Índico. Fue descrito por Commerson.

El botánico Philibert Commerson se embarcó con el explorador Louis Antoine de Bougainville. Tenía la misión de buscar plantas y especies desconocidas que clasificó en un herbario.

Las expediciones científicas

A partir del siglo XVII, los navegantes no solo zarpaban a la conquista de nuevas tierras. Sus misiones también se convirtieron en expediciones científicas. A bordo de los barcos viajan científicos dispuestos a hacer avanzar todo tipo de conocimientos.

El viaje de Bougainville

El conde de Bougainville soñaba con descubrir un continente cuya existencia sospecharon los geógrafos: Australia. En 1766 fletó dos buques y se embarcó con varios sabios, entre los que había un astrónomo encargado de perfeccionar las cartas marinas y un botánico. En el transcurso del viaje descubrió Tahití y pasó ante Australia sin detenerse. Regresó a Francia dos años y medio después con numerosos descubrimientos.

James Cook, un navegante excepcional

En 1768, antes del regreso de Bougainville, el inglés James Cook también zarpó para explorar las tierras desconocidas del Pacífico. Le acompañaban médicos, astrónomos, naturalistas, y también pintores, que tenían que ilustrar la increíble aventura. En el transcurso de sus tres expediciones descubrió Nueva Zelanda, Australia, Hawai, Nueva Caledonia, la Antártida y el paso por el norte entre Asia y América. Murió en Hawai, víctima de los indígenas.

Al principio del viaje
este molino permitía
transformar trigo sarraceno
en harina para fabricar
galletas.
Pero tras dos años
de viaje, las reservas
de trigo se habían acabado.

La gran sala.
Esta estancia del
barco sirve de
comedor
de oficiales
y de laboratorio
para los sabios.

El timón permite
cambiar la dirección
del barco.

Zoom sobre la expedición del capitán La Pérouse

En 1785 el francés La Pérouse zarpó del puerto de Brest, Francia, rumbo al Pacífico, a bordo de *La Boussole*. Su expedición alrededor del mundo duró cuatro años. Quería perfeccionar las cartas de navegación, estudiar las plantas y los pueblos que encontrara en su camino. Una expedición ambiciosa que acabaría en tragedia.

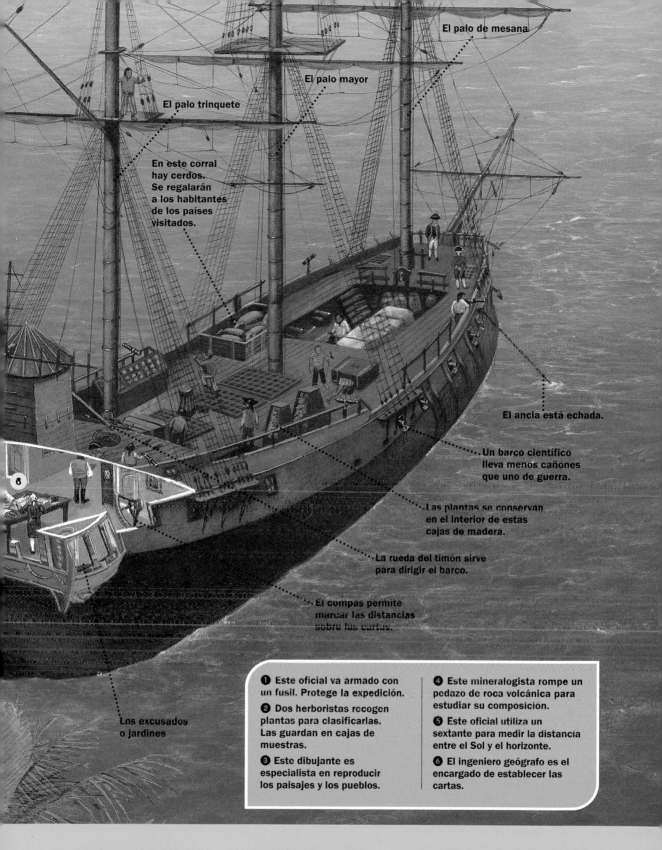

El palo de mesana

El palo mayor

El palo trinquete

En este corral hay cerdos. Se regalarán a los habitantes de los países visitados.

El ancla está echada.

Un barco científico lleva menos cañones que uno de guerra.

Las plantas se conservan en el interior de estas cajas de madera.

La rueda del timón sirve para dirigir el barco.

El compás permite marcar las distancias sobre las cartas.

Los excusados o jardines

❶ Este oficial va armado con un fusil. Protege la expedición.

❷ Dos herboristas recogen plantas para clasificarlas. Las guardan en cajas de muestras.

❸ Este dibujante es especialista en reproducir los paisajes y los pueblos.

❹ Este mineralogista rompe un pedazo de roca volcánica para estudiar su composición.

❺ Este oficial utiliza un sextante para medir la distancia entre el Sol y el horizonte.

❻ El ingeniero geógrafo es el encargado de establecer las cartas.

Una expedición científica

A bordo de los dos barcos se han acondicionado laboratorios. Diecisiete sabios y artistas forman parte de la expedición. Modifican sobre las cartas de navegación la posición del cabo de Hornos, recogen semillas de plantas desconocidas, pintan nuevos paisajes...

Una expedición trágica

Pasado el cabo de Hornos, la expedición sube hasta Alaska, llega hasta China, Siberia y luego baja hasta Australia. La Pérouse hace frente a las tempestades, a los hielos y a los peligros de las tierras desconocidas. Y en enero de 1788, los barcos de la expedición naufragan.

En busca de La Pérouse

En 1826, un navegante encuentra en la isla de Vanikoro una empuñadura de espada que había pertenecido a un oficial de la expedición de La Pérouse. En 2003 los arqueólogos inician una búsqueda y encuentran en el fondo del mar los dos barcos de la expedición.

La conquista de los polos

A principios del siglo XX, ingleses, noruegos, franceses y americanos multiplican las expediciones hacia los polos. Cada país sueña con conquistar esos desiertos de hielo. En 1911 el noruego Roald Amundsen lanza una nueva expedición, que llegará al Polo Sur.

EL CAMPAMENTO DE AMUNDSEN EN EL POLO SUR

Mediante el sextante, Roald Amundsen, jefe de la expedición, calcula su posición exacta sobre el hielo.

Esquíes de madera

Un hornillo

El trineo es de roble americano, una madera resistente y ligera. Mide aproximadamente 3 m de largo y puede transportar más de 200 kg.

Los patines de madera del trineo están reforzados con planchas de hierro para que se deslicen mejor sobre el hielo.

Los perros de arrastre

Existen cuatro razas de perros de arrastre que permiten a las personas desplazarse por las tierras heladas y por la banquisa. Son los huskies, los malamutes de Alaska, los samoyedos y los perros esquimales de Groenlandia. Los huskies, originarios del nordeste de Siberia, son los que resisten temperaturas más bajas y pueden tirar de los trineos cubriendo grandes distancias.

Los cinco miembros de la expedición duermen en esta tienda en sacos de dormir o tapados con pieles.

Helmer Manssen es el especialista en perros de la expedición.

Las cajas de madera están forradas de material aislante. Contienen galletas, margarina, verduras secas, chocolate, café... Otras contienen pemmican. Se trata de carne seca reducida a polvo y mezclada con grasa. Este alimento energético es una receta inuit.

El botiquín contiene tijeras, jeringuillas y medicamentos para calmar el dolor y combatir las infecciones.

Hombres en el Polo Sur

En enero de 1911 Roald Amundsen desembarcó con su equipo en la Antártida. Durante ocho meses aprendieron a vivir en el continente más frío del planeta: construyeron un campo base, entrenaban a los perros... En octubre, la expedición se puso en marcha. Al principio, los exploradores recorrían 20 km al día. Más adelante, las montañas hacen más lenta su marcha. El 14 de diciembre plantaron por fin la bandera noruega en el polo.

El Polo Norte, conquistado sin pruebas

En 1908 Robert Peary zarpó de Nueva York para conquistar el Polo Norte. En invierno su barco quedó bloqueado por los hielos. En febrero de 1909 Peary y sus compañeros siguieron el viaje sobre trineos tirados por perros. Peary aseguró que había llegado al polo el 6 de abril. Pero nadie ha encontrado pruebas de su éxito.

Las expediciones, hoy

Después de Peary y Amundsen, las misiones polares se han multiplicado. A partir de 1934, el francés Paul-Émile Victor pasó mucho tiempo en Groenlandia con los inuit. Gracias a él, numerosos exploradores descubrieron aquella región. Actualmente los viajes tienen sobre todo objetivos científicos. En 2008, el médico Jean-Louis Étienne trató de atravesar el Ártico en dirigible. Su objetivo era conocer el grosor de la banquisa para medir el impacto del calentamiento global.

Vencer las montañas

La montaña, reino del hielo, el viento y el frío, siempre ha hecho soñar a los aventureros. Los picos más altos del mundo fueron conquistados a partir del 1950, a fuerza de sacrificio y voluntad. Las ascensiones son hoy en día frecuentes, pero no por ello menos peligrosas.

El equipo de los alpinistas ha cambiado mucho. ¡En el siglo XVIII las mujeres escalaban con vestidos largos!

Los primeros alpinistas

En el siglo XVIII los primeros alpinistas partieron a la conquista del Mont Blanc. ¡Nadie había subido nunca tan alto! Este pico recibe el nombre de «montaña maldita».

La primera ascensión con éxito tuvo lugar en 1786. Al año siguiente, Saussure, un científico suizo, permaneció cuatro horas en la cima para llevar a cabo varios experimentos.

En ruta hacia el Himalaya

Las expediciones al Himalaya se iniciaron alrededor del 1900 y las llevaron a cabo alpinistas ingleses, suizos, italianos y franceses. Eran ascensiones peligrosas, ya que iban mal equipados. Algunos no llevaban ni siquiera equipos de oxígeno. Muchos murieron en el transcurso de aquellas primeras expediciones. Los protagonistas de aquellas gestas eran auténticos aventureros. Tardaban semanas en llegar al pie de una pared. Ya entonces escalaban gracias a la ayuda indispensable de los *sherpas*, que transportaban el material. Todos los picos de más de 8 000 m fueron conquistados a partir de 1950.

La época de los récords

Desde 1980 los alpinistas tratan de batir récords... Inventan nuevas vías, realizan ascensiones en invierno o a veces en solitario. ¡Algunos han llegado a coronar los 14 picos de más de 8 000 metros del Himalaya! Actualmente el macizo recibe a numerosos escaladores.

El mal de altura

A grandes alturas escasea el oxígeno en el aire. A partir de los 3 000 metros el cuerpo humano experimenta esta falta. Se pueden sufrir dolores de cabeza, el corazón late más deprisa, se duerme mal.
En los casos más graves, a gran altura se puede morir.
Para no sufrir mal de altura, hay que ir ascendiendo progresivamente.

La conquista del Annapurna

En abril de 1950 una expedición francesa dirigida por Maurice Herzog partió a la conquista del Annapurna. Esta montaña del Himalaya está situada en Nepal y tiene 8 091 metros de altura.

❶ Guiada por los *sherpas*, la expedición trepa hacia el punto de partida de la ascensión al Annapurna.

❷ 23 de mayo de 1950, a 4 600 m de altura. Los alpinistas observan la montaña buscando una vía.

❸ Herzog y tres de sus compañeros parten a explorar el terreno. Pronto empiezan a sufrir mal de altura.

❹ Por la noche los alpinistas plantan el campamento al pie de un glaciar, a 6 000 m de altura.

❺ El 3 de de junio Herzog y otro alpinista salen del campamento V, a 7 500 metros, y se lanzan al asalto de la cumbre.

❻ La pared es muy vertical. Calzados con grampones, los hombres progresan lentamente hacia la cumbre.

❼ Tras ocho horas de ascensión, el Annapurna ha sido vencido. De pie en la cima, Herzog despliega la bandera francesa.

❽ Entre la niebla, agotados, los alpinistas se reúnen por fin con sus compañeros en el campamento V.

Explorar el fondo del mar

El ser humano ha visitado todas las tierras emergidas, pero sin embargo se saben pocas cosas de los fondos marinos, que representan las dos terceras partes de la superficie del mundo. La dificultad de la exploración se debe a la profundidad de los océanos: 2 000 m de media.

Unos inicios difíciles

La exploración de los fondos marinos se inició a mediados del siglo XVIII. En aquella época las técnicas eran muy simples: para conocer la profundidad del mar había que desenrollar cordeles larguísimos y tratar de saber cuándo tocaban fondo. La ciencia de los océanos, llamada oceanografía, empezó a desarrollarse en 1872. Aquel año los escoceses descubrieron profundidades de más de 8 000 metros.

Cada vez más profundo

A partir de 1930 las técnicas se perfeccionan: para medir la profundidad de los océanos se emiten ondas sonoras, y después ultrasonidos. El primer mapa moderno del fondo de los océanos se publicó en 1965. Los submarinos permiten aventurarse cada vez más profundamente: en 1952 se descubrió que hay animales que viven a 10 000 m de profundidad. En 1960 el suizo Jacques Picard bajó a la fosa de las Marianas, a –10 920 m.

Investigaciones muy útiles

La exploración de los fondos marinos ha hecho progresar la ciencia en muchos campos. En meteorología, por ejemplo, se ha demostrado el papel de los océanos en el equilibrio del clima. El estudio de la historia de la Tierra también ha estado marcado por la oceanografía: el descubrimiento de las dorsales oceánicas ha confirmado las grandes placas terrestres y la deriva de los continentes.

EL FONDO DE LOS OCÉANOS

❶ El CONTINENTE está formado por las tierras que emergen de los océanos. La superficie de los cinco continentes (América, Eurasia, África, Australia y Antártida) no llega a representar un tercio de la superficie de la Tierra.

❷ La PLATAFORMA CONTINENTAL es la prolongación del continente bajo el agua. Su profundidad media es de 200 metros. Representa aproximadamente un 10 % de los fondos marinos. Es la parte del océano en que penetra la luz. La vida animal y vegetal es abundante. Se pueden encontrar algas, hierbas, plancton, crustáceos... El 90 % de los peces viven en estas aguas.

❸ El TALUD es la pendiente que va de la plataforma continental a la llanura abisal. Aquí ya no hay luz, ni vegetales.

❹ El fondo de los océanos está formado por extensas **LLANURAS ABISALES**. Estas forman el 33 % del fondo del Atlántico y el 75 % del Pacífico. Su profundidad media se sitúa entre los 4 000 y los 5 000 metros. Al no haber luz, la vida en estas llanuras depende de las aportaciones de alimentos procedentes de la superficie: carcasas de animales marinos o restos de plancton. Esto permite a una escasa cantidad de animales vivir en estos fondos.

❺ Una FOSA OCEÁNICA es un valle submarino muy profundo. La temperatura del agua es muy fría (unos 2 °C), la presión es terrible. Los peces de los abismos son muy curiosos: emiten luz y tienen bocas enormes para ingerir a sus presas con más facilidad.

La fosa más profunda es la de las Marianas, en el Pacífico: a 11 033 metros por debajo del nivel del mar.

¡Ojo! Las proporciones de extensión y profundidad de los fondos marinos no son reales en este dibujo.

La historia de la inmersión

❶ Hacia el 1500 a.C., los buceadores se sumergían en apnea. Pescaban moluscos y erizos de mar, o recuperaban la carga de barcos hundidos.

❷ Hacia el 325 a.C., Alejandro Magno hizo construir la primera máquina subacuática. Este barril de madera es el antepasado de la campana de buzo.

❸ En el siglo XVII los buzos se sumergían bajo una campana. Hacia 1690 el astrónomo Haley añadió a su campana un gran frasco de cristal para proteger la cabeza del submarinista. Un tubo que va de la campana al frasco le proporcionaba aire.

❹ En 1855 el ingeniero Cabirol inventó una nueva escafandra. Permitía bajar a 130 m de profundidad con mayor seguridad.

❺ Hacia 1900 los buzos respetan las pausas de descompresión: realizan paradas mientras suben hacia la superficie. Esto permite limitar los accidentes.

❻ Hacia 1940 el comandante Jacques-Yves Cousteau inventó un aparato que funcionaba con bombonas de aire y permitía respirar bajo el agua.

❼ Actualmente el submarinismo se practica también como deporte. Está limitado a una profundidad de 60 m. Los profesionales, en cambio, pueden bajar a más de 100 m bajo el agua.

❽ En submarino se puede bajar a 3 000 m de profundidad para explorar los fondos marinos.

❾ El hombre también ha inventado robots capaces de explorar zonas profundas o inaccesibles para los submarinos.

20 000 leguas de viaje submarino

Fabulosos y misteriosos, los fondos marinos inexplorados han hecho soñar a las personas durante mucho tiempo. En el siglo XIX Julio Verne imaginó cómo la tripulación de un submarino podría vivir bajo el mar y recorrer 20 000 leguas.

El fabuloso señor Verne

Julio Verne nació en Nantes, Francia, en 1828. Su familia vivía cerca del puerto. De muy joven le gustaba pasear por los muelles y contemplar los barcos. Esta pasión por las máquinas y por los viajes le inspirará numerosos libros de gran éxito. Entre ellos, *20 000 leguas de viaje submarino.*

Un novelista visionario

La aventura de *20 000 leguas de viaje submarino* pasa a bordo de un submarino, el *Nautilus.* Cuando Julio Verne escribió su novela se acababan de construir los primeros submarinos. Aún no se sabía casi nada de lo que había bajo el agua. En muchos aspectos, la imaginación se adelantó a los conocimientos de su época.

Los submarinos actuales

Tal como imaginó Julio Verne, los submarinos actuales y su tripulación pasan semanas sin salir a la superficie. La mayoría son militares. Sirven para vigilar las costas y para la guerra. Otros submarinos se utilizan sobre todo para la investigación científica y la explotación petrolífera.

A bordo del *Nautilus*

El submarino imaginado por Julio Verne en su novela *20 000 leguas de viaje submarino* se ha sumergido en las profundidades del océano. La tripulación ha salido a explorar. Aprovecha para visitar el *Nautilus*. Aquí tienes una reconstrucción del universo imaginado por Julio Verne.

❶ Las escafandras autónomas permiten a la tripulación abandonar el *Nautilus*. Van equipadas con bombonas de aire comprimido.

❷ Los fusiles de aire comprimido se usan para cazar o defenderse de los tiburones.

❸ Una ostra perlífera gigante.

❹ Coral.

❺ Un tiburón.

❻ Una tortuga marina.

❼ La hélice de cuatro palas. propulsa el *Nautilus* a 240 km /h.

❽ La sala de máquinas mide 25 metros de largo. En ella se produce electricidad para transformar el agua de mar en agua dulce.

Un auténtico Nautilus bajo el Polo Norte

El 3 de agosto de 1958 un submarino navegaba bajo la banquisa ártica y pasó bajo el Polo Norte.
Su nombre: ¡Nautilus!
Este submarino americano es tan revolucionario como el de Nemo: fue el primero en funcionar con energía nuclear.

❾ Dos cascos de acero protegen el *Nautilus*. Esto le permite soportar la enorme presión del agua a grandes profundidades.

❿ El protagonista de la novela, el capitán Nemo, come en este comedor. Sólo consume alimentos producidos por el mar.

⓫ La biblioteca contiene 12 000 libros de ciencia y literatura. Nemo es un gran sabio.

⓬ El puesto de mando está equipado con una rueda de timón.

⓭ Los ojos de buey de cristal, de 3 m de diámetro y 21 cm de grosor permiten al capitán Nemo observar los fondos marinos.

⓮ El salón, una inmensa estancia en la que Nemo toca el órgano.

⓯ La habitación del capitán Nemo está equipada con instrumentos que permiten calcular la posición del *Nautilus*.

⓰ Medusas.

⓱ Una araña de mar gigante.

EL NAUTILUS, EL SUDMARINO IMAGINADO POR JULIO VERNE

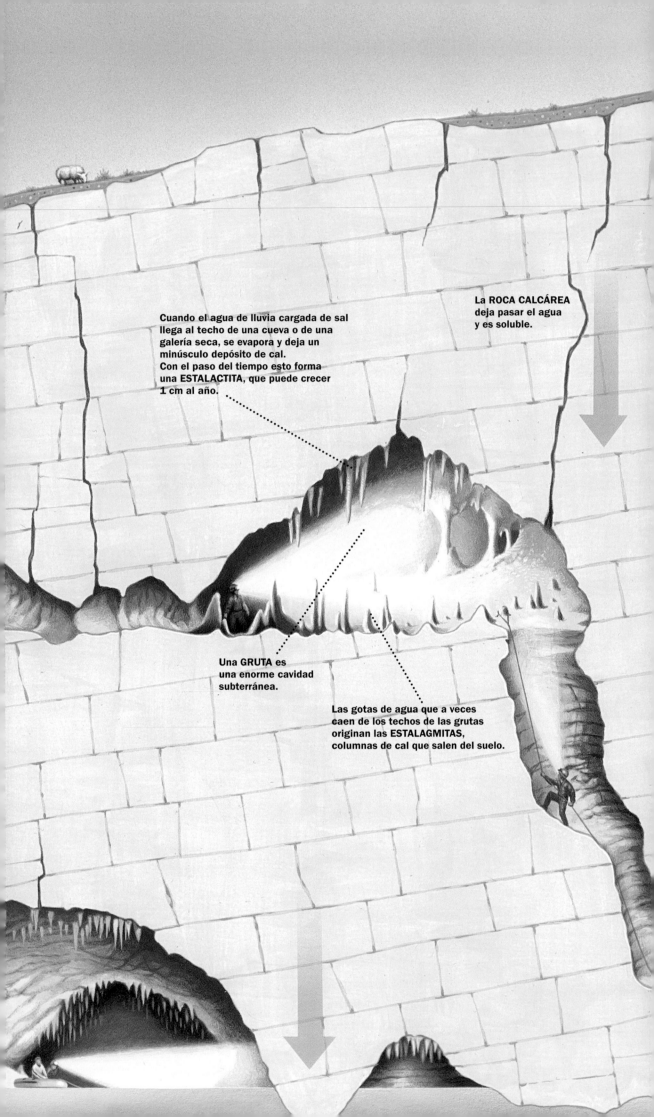

Cuando el agua de lluvia cargada de sal llega al techo de una cueva o de una galería seca, se evapora y deja un minúsculo depósito de cal.
Con el paso del tiempo esto forma una ESTALACTITA, que puede crecer 1 cm al año.

La ROCA CALCÁREA deja pasar el agua y es soluble.

Una GRUTA es una enorme cavidad subterránea.

Las gotas de agua que a veces caen de los techos de las grutas originan las ESTALAGMITAS, columnas de cal que salen del suelo.

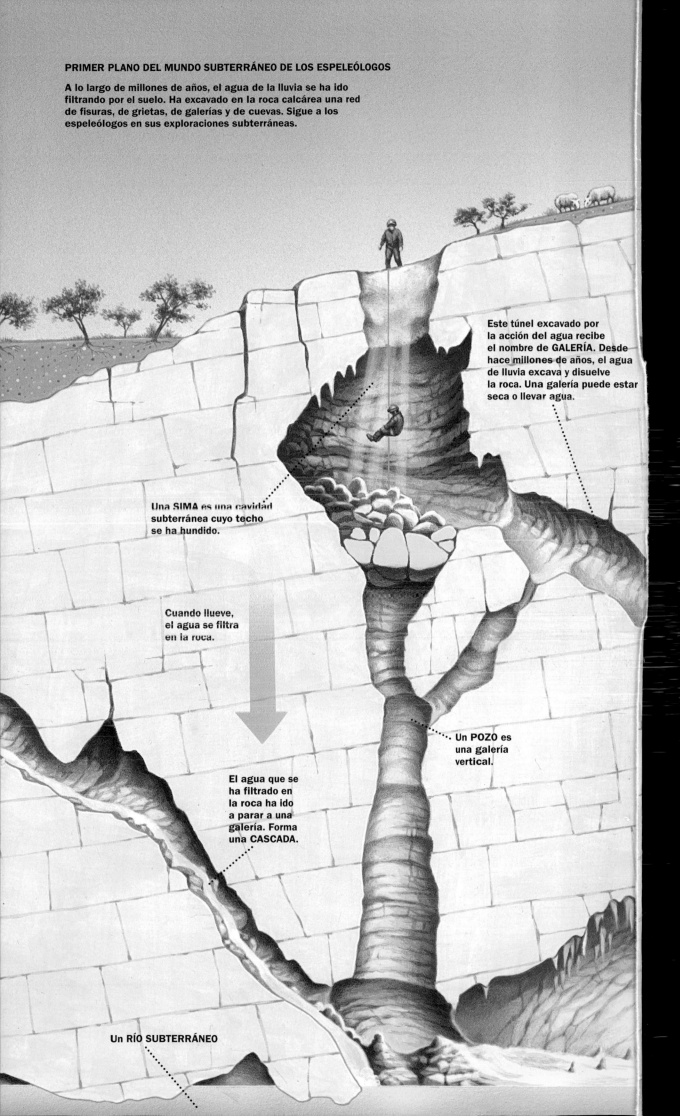

PRIMER PLANO DEL MUNDO SUBTERRÁNEO DE LOS ESPELEÓLOGOS

A lo largo de millones de años, el agua de la lluvia se ha ido
filtrando por el suelo. Ha excavado en la roca calcárea una red
de fisuras, de grietas, de galerías y de cuevas. Sigue a los
espeleólogos en sus exploraciones subterráneas.

Este túnel excavado por
la acción del agua recibe
el nombre de GALERÍA. Desde
hace millones de años, el agua
de lluvia excava y disuelve
la roca. Una galería puede estar
seca o llevar agua.

Una SIMA es una cavidad
subterránea cuyo techo
se ha hundido.

Cuando llueve,
el agua se filtra
en la roca.

El agua que se
ha filtrado en
la roca ha ido
a parar a una
galería. Forma
una CASCADA.

Un POZO es
una galería
vertical.

Un RÍO SUBTERRÁNEO

Explorar las profundidades de la Tierra

Los únicos lugares que podemos explorar bajo tierra se encuentran a pocos cientos de metros de profundidad: muy poco en comparación con el diámetro de la Tierra. Las cuevas son poco profundas, pero nos enseñan muchas cosas sobre la historia del planeta.

El viaje imposible

El centro de la Tierra, su núcleo, está situado a 6 400 km bajo nuestros pies. Para acceder a él habría que atravesar capas de rocas y de metales muy duras o terriblemente calientes y soportar enormes presiones.
Por todas estas razones, el ser humano no puede acercarse al centro de la Tierra.
Actualmente sólo se ha podido bajar a una profundidad de 2 km.

Comprender la Tierra

A pesar de estas dificultades, los científicos tratan de saber lo que sucede bajo nuestros pies. Recientemente han conseguido reproducir en el laboratorio las condiciones que reinan en las profundidades terrestres, lo que les ha permitido entender el funcionamiento de la energía de la Tierra.

La riqueza del subsuelo

Explorar el subsuelo tiene un interés económico. En efecto, contiene riquezas como los minerales, la sal o los combustibles fósiles. En las minas, la extracción de minerales se ha llevado a cabo durante mucho tiempo por parte de hombres que bajaban a profundas galerías. Hoy en día, máquinas que pueden perforar hasta 3 000 m los han sustituido en algunos lugares. Respecto a las energías fósiles, cada vez hay que perforar más profundamente para encontrarlas.

Viaje bajo tierra

La exploración de las cuevas, la espeleología, permite conocer la historia de la Tierra, además de ser un deporte. Para bajar a una cueva, el espeleólogo tiene que ir bien equipado. En el casco lleva fijada una linterna indispensable en la oscuridad total de bajo tierra.

Descubrimientos arqueológicos

Algunos hombres prehistóricos vivían en las cuevas para protegerse del frío. Dejaron dibujadas en las paredes escenas que nos informan sobre su vida cotidiana. Algunos de esos dibujos se han conservado, protegidos por la ausencia de degradación.

El oficio de geólogo

Los geólogos son los científicos que estudian la Tierra y su historia. Trabajan a partir de los minerales, los cristales y las rocas que encuentran sobre y bajo tierra. Sus investigaciones han permitido establecer la edad de la Tierra y han explicado la formación de las montañas o el origen de las energías fósiles.

En la cueva de Lascaux, en Francia, hay pinturas y relieves que datan de 17 000 años antes de Cristo.

La mina de sal de Wieliczka, en Polonia, se explota desde el siglo XIII. Comprende 300 km de galerías.

Los depósitos de mineral, como la cal, esculpen formas variadas en las paredes subterráneas. Se les llama concreciones. Las estalactitas, las estalagmitas y los drapeados son magníficas obras naturales.

El descubrimiento del universo

A partir de los años cincuenta, el hombre se ha lanzado a la conquista del espacio. Las misiones espaciales permiten conocer mejor nuestro planeta. Sirven también para explorar el universo y buscar rastros de vida.

La llegada a la Luna

❶ 16 de julio de 1969. El cohete *Apolo 11* despega del centro espacial de Cabo Kennedy, en Florida. Objetivo: ¡llevar a los hombres a la Luna!

❷ A bordo del *Apolo 11*, tres astronautas americanos: Armstrong, Collins y Aldrin. La aceleración del cohete les aplasta contra los asientos.

❸ El módulo lunar, el *Águila*, se ha separado del *Apolo*. Empieza a bajar hacia la Luna.

❹ 21 de julio, 3h 56min. Neil Armstrong camina sobre la Luna. «Un pequeño paso para el hombre, un gran paso para la humanidad», dice.

La estación espacial rusa *Mir* orbitó por encima de la Tierra entre 1986 y 2001.

Han sido necesarios más de cuarenta vuelos para ensamblar el centenar de elementos que componen la estación espacial internacional.

El primer hombre en el espacio

En 1957, el *Sputnik* es el primer satélite enviado al espacio. Cuatro años después Yuri Gagarin es el primer hombre que va al espacio. El cosmonauta ruso da la vuelta a la Tierra en 1 h 48 min, a una altitud media de 250 km. ¡En la época es toda una revolución!

Aterrizaje en la Luna

En julio de 1969 Neil Armstrong y Edwin Aldrin pisan la Luna. Millones de espectadores siguen el acontecimiento en directo por la televisión. El tercer tripulante, Michael Collins, ha quedado en órbita esperando a sus compañeros.

La estación espacial internacional

La estación espacial internacional representa una etapa crucial en la conquista del espacio. Por primera vez las personas pueden vivir durante meses en el espacio. Desde su puesta en servicio, en noviembre de 2000, dos o tres astronautas ocupan de forma permanente la estación. Su trabajo ha permitido observar mejor la Tierra y el universo y también lograr adelantos considerables en física o medicina.

Las sondas espaciales

Los vuelos espaciales tripulados son caros y no pueden durar mucho tiempo. Para ir más lejos y poder explorar mejor el espacio, se opta por enviar sondas. En 2005 la sonda *Cassini-Huygens* llegó cerca de Saturno tras un vuelo de más de siete años.

¡Marte, un buen objeto de estudio!
La sonda *Mars Express*, lanzada en 2003, ha fotografiado hielo en el planeta rojo, lo que demuestra que en Marte hay agua.

¿Aterrizaremos en Marte?

La NASA, la agencia espacial norteamericana, estudia la posibilidad de enviar astronautas a Marte. Quiere construir allí una base internacional e instalar astronautas a partir de 2024. La NASA espera así hacer progresar la ciencia, descubrir nuevos recursos... ¡y preparar misiones aún más lejanas!

Y además...

Los navegantes chinos utilizaron por primera vez la brújula en el siglo XI. Los árabes y los europeos la inventaron unos cien años después.

LA VUELTA AL MUNDO EN GLOBO

En 1999 el suizo Bertrand Piccard y el inglés Brian Jones dieron la primera vuelta al mundo en globo. En veinte días, a 900 m de altitud, sobrevolaron veinte países y dos océanos, y recorrieron 46 000 km ¡en una barquilla de 5 metros de largo!

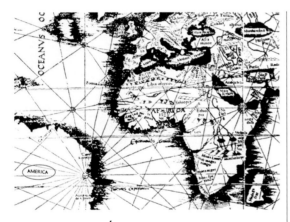

VOYAGER 1, MÁS ALLÁ DE LO CONOCIDO

La sonda *Voyager 1*, lanzada en septiembre de 1977, salió del sistema solar en 2004, tras 27 años de viaje... ¡Una primicia en la historia de la conquista espacial!

LA CONQUISTA DEL HIMALAYA

26 de mayo de 1953, a las 11 h 30 min. Gran hito en la historia del alpinismo: el neozelandés Edmund Hillary y el *sherpa* Tansing Norgay alcanzan la cima de la montaña más alta del mundo, el Everest, a 8 844 metros de altitud.

EL NOMBRE DE AMÉRICA

América nació... ¡en Francia, en Saint-Dié-des-Vosgues! En efecto, allí fue donde se publicó, en 1507, el primer mapa en que se daba el nombre de América al continente descubierto por Cristóbal Colón. El nombre es un homenaje al navegante italiano Amerigo Vespucci y a los relatos de sus cuatro viajes al Nuevo Mundo. En el mapa, el contorno de las tierras es todavía muy impreciso.

EN LA CUMBRE

Reinhold Messner es el mayor alpinista de todos los tiempos. Este italiano, nacido en 1944, colecciona proezas: primera ascensión al Everest sin oxígeno; primer hombre en coronar los 14 picos de más de 8 000 metros...

HUSOS HORARIOS

La Tierra está dividida en veinticuatro husos horarios.
El meridiano de Greenwich, que pasa cerca de Londres, determina la hora. La línea de cambio de día se sitúa en el Pacífico.

SENSIBILIZAR

Jean-Louis Étienne es médico y explorador. Desde hace veinte años lleva a cabo expediciones científicas polares.

Gracias a su popularidad, sensibiliza a la gente en el conocimiento y defensa del medio ambiente.

CRIATURA LUMINOSA

El rape abisal vive en las profundidades de los océanos. Atrae a sus presas gracias a un fotóforo, un órgano que emite luz. ¡La hembra es diez veces mayor que el macho!

LA FOTOGRAFÍA AÉREA

Antes de la invención de los satélites, las fotografías tomadas desde aviones permitieron conocer mejor la forma de los continentes.
La fotografía aérea se desarrolló en el transcurso de la Primera Guerra Mundial, gracias al progreso de la aviación y por necesidades militares.

EL GPS

Los coches y los barcos llevan GPS. Es un sistema muy perfeccionado que permite conocer una posición en la superficie de la Tierra. Funciona gracias a los satélites.

LA DISPUTA PEARY-COOK

¿Quién llegó primero al Polo Norte en 1919, el británico Frederick Cook o el americano Robert Peary? Nunca lo sabremos con seguridad, ya que ambos reivindicaron la hazaña.
La historia se la atribuye a Peary.

CHICA AL TIMÓN

No hace falta ser un viejo lobo de mar para enfrentarse a los océanos más temibles. La inglesa Ellen McArthur ganó de muy joven sus primeras regatas transoceánicas.

AVIÓN SOLAR

El suizo Bernard Piccard no se conforma con una gesta. Después de dar la vuelta al mundo en globo, tiene el proyecto de repetir la aventura a bordo del primer avión que funciona con energía solar.

EL GRAF ZEPPELIN

El *Graf Zeppelin* fue un dirigible mítico construido en 1928. Tras haber recorrido miles de kilómetros, este medio de transporte dejó de utilizarse en 1940.

NAUTILO

Los nautilos no son necesariamente submarinos... Son también animales marinos con concha y cuerpo blando que viven desde hace 400 millones de años.

POLO MAGNÉTICO

Los movimientos del interior del núcleo terrestre crean un campo magnético. Los polos magnéticos no se corresponden con los polos geográficos.

El inglés James Clark Ross fue el primero en llegar al Polo Norte magnético en 1831.

Paisajes de ensueño

Montañas cinceladas, llanuras infinitas, icebergs cristalinos...
los paisajes excepcionales están considerados Patrimonio
de la Humanidad. Aquí tienes algunos, que nos hablan de
la belleza de la Tierra, nuestro planeta.

Arena y rocas esculpidas por la erosión en el desierto de Tassili N'Ajjer, en Algeria (norte de África).

Las montañas Rocosas canadienses: el lago Peyto, en el parque de Banff (América del Norte).

En el golfo de Porto, en Córcega, las caletas de Piana y la reserva natural de Scandola (Europa).

Puesta de sol en la sabana. Parque de Amboseli, en Kenya (África).

Al norte del Círculo Polar Ártico, en la costa oeste de Groenlandia, los icebergs del fiordo helado de Ilulissat.

La Gran Barrera de Coral, en el océano Índico (Australia).

Los múltiples islotes de la bahía de Ha-Long, en el golfo de Tonkín, en el Vietnam (Asia).

En la frontera entre Brasil y Argentina, las cataratas de Iguazú (América del Sur).

Índice alfabético

Créditos fotográficos

ab = abajo, a = arriba, dr = derecha, iz = izquierda, c = centro

Allan Doug/NPL/Jacana (97); Alvaro Leiva/Age Fotostock/Hoa-Qui (141 adr); Amengual Bartomeu/Age Fotostock/Hoa-Qui (165 aiz); Ancellet François/Rapho (75 a, 85); Andoni Canela/Age Fotostock/Hoa-Qui (26 iza); Arnold Douglas/Imagestate/GHFP (35 c); Ascani Maurice/Hoa-Qui (24 c2); Aures Delphine/Jacana (86 abiz); Balog James/Rapho (35 aiz); Bell Gary/Imagestate/GHFP (27 drc); Berbain D./Explorer (25 dr6); Bertrand Patrick/Hoa-Qui (113 a); Bibikow Walter/Age Fotostock/Hoa-Qui (130 iz, 132 bdr, 133 aiz); Bohin J.-L./ Explorer (75 c); Boireau Louis/Rapho (107); Boisvieux Christophe/Hoa-Qui (25 dr5); Bollmann Werner/Age Fotostock/Hoa-Qui (39 cdr); Bouquillon Gilles/Gamma (165 ciz); Bourseiller Philippe/Hoa-Qui (6 ac, 35 abdr, 40, 41 a, 43 iz, 49 cdr, 117 ac, 168 a); Bourseiller Philippe/Jacana (6 adr, 74 ab); Boutin Gérard/Hoa-Qui (137 abca); Briner Nathan/Imagestate/GHFP (110 c); Brioux Yann/Grandeur nature (26 drc, 26 ca, 27 dra); Bruhat Hervé/Rapho (130 dr); Brun Jacques/Explorer/Hoa-Qui (99 abiz); Cabanis Christian/Age Fotostock/Hoa-Qui (137 c); Cami Jordi/Age Fotostock/Hoa-Qui (71); Castaneda Luis/Age Fotostock/Hoa-Qui (87 abc); Champollion Hervé/Top (75 ab); Chrétien Éric/Explorer/Hachette Photos Illustrations (24 c3); Cordier Sylvain/Jacana (27 iza, 27 izc, 28 ciz, 74 adr, 113 ab, 116 aiz); Courau Jean-Pierre/Keystone-France (87 cdr, 148, 164 ciz); Coutausse Jean-Claude/Rapho (68); Cozart Craig/Imagestate/GHFP (139 ab); Crabbe Gary/Age Fotostock/Hoa-Qui (87 ca); Cri Nancy Lorraine/Krafft/Hoa-Qui (19, 30, 42, 43 ab, 48, 61 abiz); Dale Robert Franz/Imagestate/GHFP (103 izc); Davidson Bruce/NPL/Jacana (103 cab); Davies Ethel/Imagestate/GHFP (24 ab); Demange Francis/Gamma (165 ca); Denis-Huot Michel/Jacana (39 abdr); Denis-Huot Michel/Hoa-Qui (102 iza); Desmier Xavier/Rapho (18 ab); Deville Marc/Gamma (103 cc); Dinodia/Age Fotostock/Hoa-Qui (56); Doisneau Robert/Rapho (137 adr); Doring Christoph/Imagestate/GHFP (104 c); Douglas Arnold/Imagestate/GHFP (6-7, 120-121); Dressler Thomas/Imagestate/GHFP (26 izab); Durruty Véronique/Hoa-Qui (29 adr); Escudero Patrick/Hoa-Qui (39 abiz, 59 cdr, 91 adr, 137 abiza); Evans Justine/NPL/Jacana (103 drc); Faillet/Keystone France (161 aiz); Félix Alain/Hoa-Qui (28 cdr); Föllmi Olivier/Rapho (117 abc); Forget Patrick/Explorer (80 a); Freund Jurgen/NPL/Jacana (165 cdr); Fuste Raga Jose/Age Fotostock/Hoa-Qui (140 c); Gaillarde Raphaël/Gamma (140 abdr); Georges Jean-Michel/Top (26 drab); Gerster Georg/Rapho (7 aiz, 41 ab, 60 ciz, 86 cdr, 86 adr, 110 ab, 116 abdr, 132 ciz); Girard L./Explorer/Hoa-Qui (121a); Giraudou L./Explorer/Hoa-Qui (122 ab); Gleizes Pierre/Explorer/Hoa-Qui (61 abdr); Gohier François/Hoa-Qui (23); Grandadam Sylvain/Hoa-Qui (60 abdr, 133 drcab); Guichaoua Yann/Hoa-Qui (39 ciz, 141 abiz, 141 abciz); Hagenmuller Jean-François/Hoa-Qui (142); Halary Gérard/Gamma (83 abdr, 132-133); Halary Gérard/Rapho (139 a); Hanny Paul/Gamma (164 abiz); Hellier Gavin/Imagestate/GHFP (39 adr, 133 abdr); Hinds Alex/Age Fotostock/Hoa-Qui (80 ab); Hires Chip/Gamma (68-69); Huet Michel/Hoa-Qui (136); Ignatiev Nicolaï/Rapho (137 abiz); Jacq Loeïza/Hoa-Qui (65 aiz); Jalain F./TMN/Explorer/Hoa-Qui (82); Janes E.A./ Age Fotostock/Hoa-Qui (62, 99 abdr); Jiropas Pisit/Imagestate/GHFP (65 adr); Jouan Catherine y Rius Jeanne/Jacana (26 cc, 26 dra, 60 abiz, 64, 90-91, 116 ciz); Jourdan F./Explorer/Hoa-Qui (83 abiz); Kaiser Henry T./Age Fotostock/Hoa-Qui (161 adr); Kearney Alan/Age Fotostock/Hoa-Qui (166 ab); Kobayashi M./PPS/Rapho (44-45, 45 a); Kubacsi A./Explorer (140 aiz); Kuznetsova Elena/Age Fotostock/Hoa-Qui (28 ciza); Laforet Vincent/Upi/Gamma (58); Larrea Javier/Age Fotostock/Hoa-Qui (59 a, 70, 83 abc); Lasalle Rich/Age Fotostock/Hoa-Qui (50 abiz); Launois John/Rapho (57 cdr); Lawrence John/Imagestate/GHFP (92); Le Diascorn François/Rapho (133 drca); Le Toquin Alain/Keystone France (165 abciz); Le Tourneur Cyril/Explorer (57 ab); Lefranc David/Hoa-Qui (125 ab); Lepetit/Gamma (57 a); Lescourret J.-P./Explorer/Hoa-Qui (67 dr, 141 aiz); Lescourret J.-P./Explorer (123 a); Llewellyn Robert/Imagestate/GHFP (15 abdr, 27 abdr, 118); Louisy Patrick/Grandeur nature (27 abiz); Luider Emile/Rapho (93 ab, 99 adr, 124,169 a); Lukasseck Frank/Imagestate/GHFP (102 cc); Lundgren Jim/Age Fotostock/Hoa-Qui (117 adr); Macdonald Dennis/Age Fotostock/Hoa-Qui (81 c); Mackie David/Imagestate/GHFP (138); Manaud Jean-Luc/Rapho (117 abiz); Martin-Raget Gilles/Hoa-Qui (141 ciz); Mascot Hervé/Hoa-Qui (109); Matassa Roberto/Imagestate/GHFP (125 a); Mattes R./Explorer/Hoa-Qui (116 abiz); Michaud Roland y Sabrina/Rapho (29 ciz, 104 ab, 146 ab); Monlaü Laurent/Rapho (117 ciz); Moon Gary/Age Fotostock/Hoa-Qui (122 cdr); Morales/Age Fotostock/Hoa-Qui (27 ac); Morandi Bruno/Hoa-Qui (39 aiz, 91 aiz, 141 cdr); Morandi Bruno/Age Fotostock/Hoa-Qui (108 ab); Muñoz Juan Carlos/Age Fotostock/Hoa-Qui (99 ciz); Orton Michael y Mary/Age Fotostock/Hoa-Qui (18 a); Oxford Pete/NPL/Jacana (90 abiz); Parker Frank/Age Fotostock/Hoa-Qui (103 abiz); Pasquier Jean-Erick/Rapho (49 ab, 96 c); Pavard Claude/Hoa-Qui (28 abiz); Peebles Douglas/Age Fotostock/Hoa-Qui (86 aiz); Perousse Bruno/Age Fotostock/Hoa-Qui (108 a); Poelking Fritz/Age Fotostock/Hoa-Qui (169 ab); Pozzoli Lionel/Hoa-Qui (29 abiz); Raga J./Explorer (111, 134); Reichel Jean-Noël/Rapho (61 cdr); Renaudeau Michel/Hoa-Qui (55, 102 drc, 141 abdr, 167 ab); Rich T.J./NPL/Jacana (91 abdr, 102 abc); Rigoulet Gilles/Hoa-Qui (24 a); Rojo Gabriel/NPL/Jacana (103 aiz); Roy Philippe/Hoa-Qui (51 a, 61 a, 123 ab, 140 abiz); Royer Philippe/Hoa-Qui (167 a); San Rostro/Age Fotostock/Hoa-Qui (135 adr); Sarbu Serban/Gamma (7 adr, 161 ab); Scherl/Rapho (165 abdr); Scott Jonathan et Angela/Imagestate/GHFP (102 abdr); Scott Doug/Age Fotostock/Hoa-Qui (133 abiz, 137 abc, 140 adr); Shah Anup/Jacana (102 abiz, 102 adr); Shah Anup/NPL/Jacana (102 izc); Sierpinski Jacques/Top (135 ac); Smith Lawrence/Imagestate/GHFP (78 ab); Stead Paul/Imagestate/GHFP (99 cdr); Steeger Paul/Age Fotostock/Hoa-Qui (88); Sudres Jean-Daniel/Top (117 aiz); Targa/Age Fotostock/Hoa-Qui (29 cdr); Thiriet Claudius/Hoa-Qui (166 a); Tordeux Pascal/Jacana (65 ac); Travers Eric/Gamma (165 adr); Valentin Emmanuel/Hoa-Qui (86 cciz, 115 ab, 168 ab); Van Kraker Rado/Age Fotostock/Hoa-Qui (60 a); Varga Jean-Claude/Keystone-France (28 adr); Vdovin Ivan/Age Fotostock/Hoa-Qui (7 ac, 131 adr); Vidler Steve/Imagestate/GHFP (103 adr, 117 cdr); Walker Tom/Jacana (10); Wang Philippe/Hoa-Qui (105 abiz, 131 ab); Warden John W./Age Fotostock/Hoa-Qui (116 adr); Welsh Ken/Age Fotostock/Hoa-Qui (99 aiz); Werner Otto/Age Fotostock/Hoa-Qui (61 ciza, 81 a); White Tim/Imagestate/GHFP (86 ciz); Winkelmann Bernhard/Top (86 abdr); Wisniewski Winfried/Jacana (27 cc); Wojtek Buss/Hoa-Qui (131 ciz, 135 aiz); Xanthopoulos Daimon/Gamma (45 ab); Yamashita Michaël/Rapho (49 a, 105 abdr); Yiap S.T./Fotostock/Hoa-Qui (164 adr); Ylla/Rapho (103 abdr) ; Age Fotostock (50-51); Breitling/Gamma (164 aiz); Explorer/Hoa-Qui (116 cdr); Gamma (87 ciz, 163 aiz); Imagestate (132 aiz, 132 abiz, 133 adr, 163 adr); Keystone (141 cc, 144, 146 a, 164 abdr); Marevision/Age Fotostock (26 abc); Mary Evans/Keystone-France (96 ab, 117 abdr, 149); Nasa/Rapho (162); North Light Images/Age Fotostock (78 a); Photographer 9074/Imagestate/GHFP (67 a); Planet Observer/Hoa-Qui (53, 61 ciz, 93 a, 95); Rapho (14-15); S009/Gamma (47); Stocktreck/Age Fotostock/Hoa-Qui (cubierta, 5).

Gracias a la redacción de la revista *ImagesDoc*,
y en especial a Catherine Béchaux, redactora jefe,
a Anne Delalandre, directora artística,
y a Marc Beynié, jefe de la sección de Ciencias

Ilustraciones

Las ilustraciones de las páginas «Y además...» y las que acompañan a los capítulos y los
recuadros de cada una de las dobles páginas han sido realizadas por Charles Dutertre,
así como las ilustraciones de las páginas siguientes:
58-59, 69, 84-85, 90-91, 115, 138.

Laurent Bazart 45; Julie Blanchin 41-42; Évelyne Boyard 163;
Jérôme Brasseur 126-127, 128-129; Emmanuel Cerisier 97, 105, 111, 147, 154;
Philippe Chapelle 155; Loïc Derrien 149, 162; Patrick Deubelbeiss 24-25, 100-101, 112;
Emmanuelle Étienne 95, 109; Sandrine Fellay 87 b; Gilbert Houbre 76-77;
Nicolas Hunerblaes 87 dr; Blaise Jacob 25, 32, 35, 38, 112, 130;
Vincent Jagerschmidt 52-53; Nathalie Locoste 83; Laurent Lolmède 157;
Gérard Marié 20-21, 22-23 d, 71, 87 des, 98, 148, 150-151, 156-157;
Emmanuel Mercier 60, 160-161; Olivier Nadel (de Jean Gagneux) 158-159;
Corrado Parrini 22-23 a; Fabio Pastori 165; Jean-François Pénichoux 12-13 ab,
32-33 b, 33 d, 36-37, 40, 43, 44, 48, 64-65, 72-73, 106-107; Caroline Picard 46-47, 54-55;
Hugues Piolet 81, 134; Matthieu Roussel 79; Christophe Scherrer 6, 12 d, 14, 16-17, 19, 29;
Jean-François Solmon 145; Béatrice Veillon 144; Nicolas Wintz 152-153;
Tom Sam You 34, 51, 53 a, 66 a, 67, 70, 73, 92, 94-95, 114; infografía Images Doc: 47.

El conjunto de fotografías de esta obra proviene de las agencias del grupo EYEDEA
PRESSE, salvo p. 115: Hurault/Roger Viollet (aiz), Clatot-Pig/AFP (adr).